사랑시대 양식 6

가정 회복
Restoring the Family

이 영 록 편저

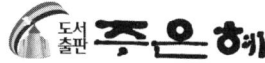

도서출판 주은혜 가 추구하는 길

① 때에 맞는 생명의 말씀과 경배 찬양으로 심령이 개혁되어 마음에 평안과 감사만 일어나도록 할 것입니다.
② 신의 성품에 참예하여 주님을 닮아가는 삶을 영위할 수 있도록 인도할 것입니다.
③ 세계 선교와 문서 선교를 통하여 잃어버린 어린양을 찾도록 할 것입니다.
④ 항상 기도로 기획하고 제작할 것입니다.

가정 회복

초판 1쇄 인쇄일 2012. 12. 26 / 초판 1쇄 발행일 2013. 1. 4

지은이 · 이영록 / 펴낸이 · 이기안
펴낸곳 · 도서출판 주은혜 / 등록 · 제2004-000016호(2004. 8. 5)
홈페이지 · www.godnlove.org
주소 · 경기도 안양시 동안구 관양동 1499-6
대표전화 · (031) 425-0372
기획 · 이영록 / 편집 · 임한나 이경상
디자인 · 길홍섭

ISBN 978-89-955729-9-3 03230   값 11,000원
ⓒ 이영록

* 잘못된 책은 교환해 드립니다.

서 론

가정을 사랑과 헌신적인 희생으로 다시 세워야!

에덴에서는 하나님의 것만 먹고 마시며 그분의 소리만 들렸습니다. 그런데 아담이 뱀의 미혹에 속아 하나님이 먹지 말라고 하신 선악과를 먹음으로 불순종이 들어와 사단의 소리가 인간을 지배하게 되었습니다. 결국 하나님의 사랑을 잃어버린 것입니다.

인간이 하나님의 사랑을 누리며 살 수 있는 자리를 타락의 영들이 들어와서 다 무너뜨리고 있습니다. 그래서 인간은 먹고 사는 문제로 힘든 것이 아니라, 속에서 사랑이 나오지 않아 만족하지 못해 힘들게 사는 것입니다.

이 시대의 많은 가정들이 깨지고 있는 이유는 하나님의 사랑이 말라가고 있기 때문입니다. 삶의 문제로 인해 하나님의 사랑을 잃어버리고 정적인 사랑에 빠져 영적으로는 어두워져가고 있는 것입니다.

가정이라는 울타리 안에서 가장 가까이 있는 가족을 귀하게 보지 않아 사랑이 식어지고 신뢰가 끊어져 갑니다. 사랑은 희생할 때 빛이 나는데 서로가 희생하지 않으려 하니 소리가 나는 것입니다.

이제 사랑시대 하나님께서 내 생각의 틀을 깨십니다. 그분이 우리에게 가정을 주셨으니 에덴에서부터 시작된 인간의 탐욕을 버려야 합니다. 하나님의 진리로 혼성과 육성을 다스리고 성령의 인도를 받게 될 때, 진정 내 안에서 진리의 자유함을 누리게 되는 것입니다.

문제는 상대에게 있는 것이 아니라 나에게 있습니다. 상대가 나에게 맞추어주기를 기다릴 것이 아니라, 내가 먼저 상대를 맞추는 사랑이 되어야 합니다.

하나님은 내 심령 속에서부터 가정에까지 사랑이 흐르게 해서 가정을 살리시려는 것입니다. 인류를 구원하기 위해 독생자를 내어놓기까지 하신 하나님의 희생적인 사랑이 찾아와야 가장 아름답고 행복한 가정으로 바꿀 수 있습니다. 진리가 심령 속에 들어가 움직이기 때문입니다.

이제 나는 죽고 하나님의 사랑으로 상대를 살려야 합니다. 내 속에 있는 생명수가 상대에게 들어가, 그 생명수가 상대 속에서 다시 계속 흘러 퍼지면서 만국을 소생시키는 것입니다. 내 사랑이 아닌 하나님의 사랑으로 갈 때 상대의 마음이 녹게 됩니다.

예수님이 오신 목적은 에덴에서 잃어버린 사랑을 다시 회복시키는 것이므로, 우리는 가정을 사랑과 헌신적인 희생으로 다시 세워야 합니다. 나의 희생을 보여주어야 상대의 심령이 녹아지는 것입니다.

행복을 다른데서 찾으려 하지 말고 내 안에서, 내 가족에게서 찾아야 합니다. 그 사랑을 다시 찾으면 가정을 회복하는 것입니다. 하나님이 우리의 가정을 이처럼 사랑하시니 가정을 그분의 사랑으로 바꾸어야 합니다. 우리의 사랑은 변질되어 모양이 나지 않으니 하나님의 사랑으로 바꾸어야 합니다.

서로가 신뢰를 주고 믿을 수 있는 단계로 올라가야 가정에 평화가 오는 것입니다. 나에게서 하나님의 사랑이 나오면 상대에게 감사, 기쁨, 평강을 주게 됩니다. 가정에서 웃음과 기쁨이 나와야 온전한 신앙인 것입니다.

사랑시대는 내 심령과 가정을 다시 회복하는 역사가 일어납니다. 내 안에서 하나님의 사랑이 나와 가정을 회복시키는 것입니다. 그것이 하나님께서 다시 찾는 열매이므로 가정을 영원한 안식처로 만들어야 합니다.

본서는 그동안 인봉되었던 성경을 2007.7월부터 2011.1월까지 영으로 열어주신 말씀을 "사랑시대 양식"의 시리즈로 정리한 것입니다. 따라서 본서는 이미 출간된 『왕이오신다 요한복음편』, 『사랑시대 양식』과 더불어 하나로 된 말씀이므로 이를 함께 심령으로 받을 때 놀라운 은혜가 임할 줄 믿습니다.

오직 성령의 지시와 인도하심으로 말씀을 선포한 김정숙 목사님과 이 방대한 말씀을 편집 정리한 저자는 하나님의 도구로 사용되었을 뿐입니다. 그리고 교정을 위하여 임한나 전도사, 이경상 전도사가 함께 동참하도록 은혜주신 하나님께 감사드립니다.

영적으로 메말라가는 이 시대에 사랑시대의 말씀으로 심령들이 살아나는 놀라운 역사가 일어날 것으로 믿습니다.

오직 하나님께 모든 영광을 올려 드립니다.

주님의 은혜 속에서
장로 **이 영 록**

목차
Contents

서 론 · 3

Chapter I 진리로 나를 다스려야 (I Must Rule Over Myself with Truth)

1장. 나는 어떤 사람인가? · 14
(What Kind of Person Am I?)

[1] 내 모습은 미완성
나는 상대에게 만족을 주지 못해 │ 나는 마음의 여유가 없어 │ 내 모습은 미완성

[2] 나 같은 죄인에게 거룩은 없어
내 소리는 내지 말아야 │ 나를 잡으면 실수해 │ 나 같은 죄인에게 거룩은 없어

2장. 인간은 영이 지배 · 23
(Spirit Dominates the Human)

나는 자신을 다스리지 못해 │ 인간은 영이 지배 │ 나를 땅이 조종하며 움직여

3장. 내 모습은 바뀌어야 · 26
(My Image Must Change)

나를 바꾸기 위해 보여줘 │ 내 모습이 하나님의 모습으로 바뀌어야 │ 내 마음과 모습까지 바꾸어 │ 불순종의 자리에서 순종의 자리로 바꾸어 │ 정을 영으로 바꾸어야

4장. 사단의 기질을 버려야 · 35
(I Must Throw Away the Disposition of Satan)

말씀으로 타락의 영을 빼내야 │ 악의 세력들을 끊어버려야 │ 악의 뿌리를 뽑아야 │ 사단은 생명 걸고 몰아내야 │ 내가 결단할 때 사단 떠나 │ 사단의 기질을 버려야

5장. 내 모습이 보이지 않아야 · 44
(I Must Throw Myself Away, then Heaven)

이방의 것을 버려야 | 하나님 외에 다른 신들을 섬기지 말라 | 내 것을 내어놓아야
내 것을 가지고 있으면 「화」 | 내 모습이 보이지 않아야 | 내 모습은 벗어져야

6장. 나를 버려야 천국 · 52
(My Image Must Not Show)

【1】불순종의 영을 버려야

내 안에서 인색을 끊어버려야 | 내 생각의 틀은 버려야
나의 부분적인 것을 버려야 | 불순종의 영을 버려야

【2】나를 버려야 천국

내 본성을 버려야 | 내 허물을 벗어야 | 나의 의를 버려야 | 나를 버려야 천국

7장. 내 의가 죽어야 하나님의 영광 드러나 · 66
(For God's Glory to be Revealed, My Righteousness Must Die)

나의 선(善)까지 죽어야 | 정욕적인 생각과 탐심을 끊어야
육의 근성을 밟아야 | 내 의가 죽어야 하나님의 영광이 드러나

8장. 나를 다스려야 · 71
(I Must Rule Over Myself)

죄를 다스리는 자가 되어야 | 나를 다스리지 못하면 시끄러워
죄에서 자유를 얻어야 | 내 안에서 가나안을 이루어야

9장. 사랑의 문을 열어야 · 78
(I Must Open the Door of Love)

【1】우리는 사랑만 해야

사랑에 인색하지 말아야 | 우리는 사랑만 해야 | 나를 아낌없이 드려야

【2】사랑의 문을 열어야

가족부터 사랑해야 | 사랑의 문을 열어야 | 사랑을 주는 자가 되어야
사랑을 넘치도록 내보내야

10장. 나를 통해 하나님의 사랑이 나타나야 · 88
(God's Love Must Appear through Myself)

내 모습은 없어지고 하나님의 사랑만 나가야
나를 통해 하나님의 사랑이 나타나야 | 내 안에서 그분의 말이 나타나야

Chapter Ⅱ 사단의 가정 파괴 (Satan's Destruction of the Family)

11장. 에덴에서 첫 사랑을 잃어버려 · 96
(First Love Was Lost in Eden)

에덴에서 첫 사랑을 잃어버려

12장. 사랑의 관심 부족 · 98
(A Lack of Interest in Love)

상대를 신뢰하는 마음이 부족 | 사랑이 나오지 않을 때 | 사랑이 말라서 관심 부족
상대에게 함부로 하는 언어 | 상대에게 책임 전가

13장. 가정이 깨지는 이유 · 104
(The Reason Why the Family Breaks Apart)

【1】 정적인 사랑
세속적인 삶의 문제 | 희생 없는 사랑 | 부정적인 소리 | 머리로 하는 사랑
정적인 사랑 | 대화가 끊어지면 | 마음에 여유가 없어

【2】 내 자리를 지키지 못하면
질서를 지키지 않아 | 사랑의 양을 채우지 못해 | 내 자리를 지키지 못하면
미혹의 영으로 | 부정한 일을 하지 말아야 | 가정 안의 사랑이 밖으로 나가
사랑의 가치를 잃어버려

14장. 가정 파괴는 사단이 하는 일 · 124
(Work that Satan Does to Destroy the Family)

사랑이 하나 되지 않으면 사단에게 틈을 줘 | 자존심은 사단의 영이 움직여
사랑의 양이 줄어들 때 | 세간살이를 엎어버리는 사단에게 속지 말아야
사단은 가정을 부수는 일을 해 | 사단은 사랑을 빼앗아

15장. 행복과 사랑은 가까운데 있어 · 132
(Happiness and Love are at Close Places)

가족에게 사랑이 흘러야 | 행복과 사랑은 가까운데 있어 | 말씀의 생활화가 되어야

16장. 사랑은 마르지 않는 생명수 · 137
(Love is Water of Life that Never Dries)

사랑을 받지 못하면 주름 생겨 | 사랑은 속에서 일어나야
사랑은 마르지 않는 생명수 | 우리에게 주신 모든 것이 복

17장. 하나님의 영으로 사단의 영을 이겨야 · 143
(We Must Overcome Satan's Spirit with God's Spirit)

가문의 저주를 끊는 전쟁을 치루어야 | 하나님의 영으로 사단의 영을 이겨야
이 땅을 사랑으로 덮어야 | 땅의 왕들을 다 죽여야

Chapter Ⅲ 가정 회복 (Restoring the Family)

18장. 상대를 대하는 마음의 자세 · 152
(Posture of Heart towards the Other Person)

【1】마음으로 사랑이 나가야

내 것이 가라앉아야 | 부정을 쏟지 말고 사랑이 나가야
나로 인해 상대를 죽이지 말아야 | 마음으로 하는 사랑이 나가야

【2】하나님의 사랑으로 바꾸어야

가정에서 대화를 많이 해야 | 가정에서 각자의 수고와 인내가 있어야
상대를 맞추는 사랑을 해야 | 하나님의 사랑으로 바꾸어야

19장. 자신의 자리를 지켜야 · 164
(I Must Guard My Place)

자신의 자리를 지켜야 | 맡겨준 자기의 위치를 지켜야
안방의 사랑을 지켜야 | 믿음의 정절을 바로 지켜야

20장. 가족과의 관계가 형통해야 · 172
(Relationship within the Family Must be Good)

【1】가정의 질서가 세워져야

상대에게 인격을 갖추어야 │ 가정의 질서가 세워져야
부모는 자녀를 위해 희생 │ 하나님과 부모를 공경하는 마음이 있어야

【2】각자의 자리를 지켜야

남편은 아내를 자기 자신과 같이 사랑해야 │ 아내는 남편에게 복종해야
생명을 다 해 부모를 공경해야 │ 자녀는 부모에게 순종해야

21장. 가정에서 내가 희생해야 · 183
(In the Family, I Must Sacrifice)

【1】희생을 짐으로 알면 고생

사랑에는 희생이 따라 │ 희생을 짐으로 알면 고생 │ 희생과 섬기는 마음이 있어야

【2】내가 희생해야 상대가 녹아

하나님의 사랑으로 희생해야 │ 사랑은 내가 희생해야
내가 희생해야 상대가 녹아 │ 내 몸을 아끼듯 공경하면 마음이 녹아

22장. 가족을 사랑으로 품어야 · 193
(I Must Embrace My Family in Love)

【1】하나님의 사랑을 가정에 흐르게

묻어둔 사랑을 사용해야 │ 마음을 열고 다가가야
사랑은 속에서 우러나와야 │ 하나님의 사랑을 가정에 흐르게 해야

【2】상대를 사랑으로 품어야

사랑은 나로부터 시작되어야 │ 사랑한다는 소리를 끌어내야
나이를 먹을수록 사랑으로 품어야 │ 가족을 사랑으로 품어야
하나님이 사랑하는 자를 사랑으로 품어야

23장. 사랑은 나눌 줄 알아야 · 206
(Love Must Know How to Share)

가까이 있는 자부터 사랑해야 │ 사랑은 나눌 줄 알아야
머리는 사랑을 공급하는 역할을 해야

24장. 가정에서 내가 인정받아야 · 211
(I Must Receive Acknowledgement in the Family)

내가 가족에게 인정받아야 │ 부부간에 인정되어야 사랑이 일어나

25장. 희생의 사랑을 내어놓아야 · 214
(I Must Give Out Sacrificial Love)

【1】주는 사랑을 해야 그 사랑이 다시 와

사랑에는 희생이 있어야 │ 하나님의 사랑으로 해야
주는 사랑을 해야 그 사랑이 다시 와 │ 사랑이 나갔다가 돌아올 때 완성

【2】희생의 사랑을 내어놓아야

희생할 때 기쁨 │ 생명의 냄새는 기쁨 │ 희생의 사랑을 내어놓아야
내 희생으로 심령이 녹아져야 │ 희생하면 복이 돌아와

26장. 가정에서 열매 맺어야 · 225
(I Must Bear Fruit in the Family)

【1】나를 찢어야 사랑이 나가

나를 찢어야 사랑이 나가 │ 희생하면서 기쁨의 맛을 보아야
상대를 위해 희생할 때 만족

【2】가정에서 열매가 나와야

내 것을 쏟아야 열매 맺어 │ 사랑은 희생의 열매 │ 가정에서 열매가 나와야
말씀으로 깨끗케 된 가정에서 열매를 거두어 │ 사랑의 열매를 따서 하나님께 올려야

27장. 가정 회복 · 235
(Restoring the Family)

【1】가정을 안식처로 만들어야

하나님과의 통로가 열려 있어야 │ 첫 사랑을 찾아야
가정에서 웃음이 나와야 │ 가정을 안식처로 만들어야

【2】하나님의 기쁨을 찾아야

하나님의 사랑이 들어와야 │ 하나님의 사랑이 흘러야 │ 하나님의 기쁨을 찾아야

chapter I

진리로 나를 다스려야
(I Must Rule Over Myself with Truth)

1장
나는 어떤 사람인가?
(What Kind of Person Am I?)

[1] 내 모습은 미완성

■ 나는 상대에게 만족을 주지 못해

인간은 사랑이 없으면 살 수 없습니다.
그동안 우리는 다 사랑한다며 살아왔습니다.
그런데 그 사랑으로 만족이 되었습니까?

인간은 인간에게 만족을 주지 못합니다.
아무리 잘해 주어도 인간 속에는 만족이 없습니다.

인간 속에는 욕심이 있기 때문에
서로에게 바라기만 하므로 만족이 없는 것입니다.

"내가 사람의 방언과 천사의 말을 할지라도
사랑이 없으면 소리 나는 구리와 울리는 꽹과리가 되고"(고전13:1).

상대에게 만족을 주지 못하는 사랑은
소리 나는 구리와 울리는 꽹과리 같습니다.

하나님이 짝지어주신 것을 사람이 가를 수 없다고 했습니다(마19:6).
결혼식 때, 이 말씀을 주례사로 많이 사용합니다.

그런데 서로에게 만족을 주지 못해 많은 가정이 깨지고 있습니다.

하나님이 한 몸으로 맺어주셨는데(마19:5),
그 한 몸과도 만족하지 못하는 우리는 부족한 인간입니다.

나는 내 가족, 나에게 붙여준 남편, 아내에게도 만족을 주지 못합니다.
사랑해 보려고 해도 마음대로 잘 되지 않습니다.
우리는 미완성이기 때문입니다.

하나님이 원하시는 가장 귀한 것은
나를 통해서 상대를 만족케 하는 것입니다.
그래서 독생자 예수를 통해서 인류를 만족케 하셨습니다.

우리가 기도할 때나 찬양할 때
하나님의 깊은 사랑의 감동으로 빠져 들어갈 때가 있습니다.
그 순간은 하나님 한 분만으로 만족되는 것을 느끼게 됩니다.

완성이신 하나님이 우리 안에 들어오셔야 우리의 사랑이 완성됩니다.
그 사랑의 완성은 오직 하나님만이 하실 수 있는 것입니다.

엄마가 아이를 품에 품고 젖을 먹일 때 아이가 만족을 느끼는 것처럼
하나님은 우리 속에 이러한 만족을 주십니다.

"온전한 것이 올 때는
부분적으로 하던 것이 폐하리라" (고전13:10).

나는 상대에게 만족을 줄 수 없습니다.
온전한 사랑이신 그분이 내 안에 왕으로 오셔서
새 시대를 여실 때 비로소 나를 통해 상대가 만족하게 되는 것입니다.

■ 나는 마음의 여유가 없어

이 시대를 사는 사람들의 마음에 갈수록 여유가 없어지고 있습니다.
마음에 사랑과 기쁨이 말라가고 있습니다.

욕심 때문에 마음이 좁아져 여유가 없어지는 것입니다.
그래서 지금은 나 자신을 다스리기도 힘든 때입니다.

그러니 어떻게 상대에게 사랑을 줄 수 있겠습니까?
욕심으로 인해 상대에게 줄 수 있는 사랑이 마른 것입니다
그만큼 영적으로 심령이 마르고 있는 시대입니다.

그래서 요즘 가장 심각하게 많이 생기는 병이 우울증입니다.
우울증은 마음에 여유가 없어서 오는 병입니다.
마음 속에서 사랑이 말라버린 것입니다.

마음을 닫아 상대에게 사랑을 줄 수도 없고
상대의 사랑을 받으려고도 하지 않습니다.
이 시대 사람들의 심령 속이 이러합니다.

겉으로는 웃고 있어서 편안한 것 같지만, 그 속은 심각합니다.
인간의 심령 속에 다 문제가 생긴 것입니다.

이제 하나님만을 바라보아야 할 때입니다.
나는 상대를 돌아볼 수 있는 마음의 여유가 없습니다.
하나님의 영이 임해서 나의 마음을 넓혀주셔야 합니다.

인간의 것은 끝이 났으니
욕심을 버리고 하늘의 사랑을 받아야 심령이 회복되어
상대에게도 사랑을 줄 수가 있는 것입니다.

■ 나는 미완성

사랑에 빠지면 나는 보이지 않고 상대만 보입니다.
나보다 사랑하는 상대에게 더 신경을 쓰고 상대를 맞추게 됩니다.
사랑하면 사랑을 위해서 꾸미고 단장합니다.

사랑에 깊이 빠지면 내 것이 없어지게 됩니다.
그러다가 사랑이 조금씩 식어지면 내 것이 보이기 시작합니다.

내가 보이게 될 때는 사랑이 식어가는 것입니다.
식어가는 것은 이제 나를 맞추라는 것입니다.

그래서 나를 맞추지 않을 때는 그 사랑이 원수가 됩니다.
이것은 인간의 관계뿐 아니라 하나님의 관계에서도 마찬가지 입니다.
인간의 일을 통해 하늘의 것을 깨달아야 합니다.

사랑의 온도가 올라갈 때는 내가 보이지 않고 계속 올라가기만 하는데 내가 보이기 시작하면 사랑의 온도가 조금씩 내려가고 있는 것입니다.

사랑의 온도가 올라갈 때는 그 사랑이 상대를 위한 사랑이지만
내려 갈 때는 나를 위한 사랑입니다.

상대를 위한 사랑은 어떠한 것도 문제가 되지 않습니다.
상대를 위해 계속 사랑으로 올라가면 기쁨 밖에 없고 마냥 좋기만 합니다. 희생 자체가 기쁨입니다.

그런데 사랑의 온도가 내려가면
사랑이 채워지지 않아 기쁨이 마르고 마음이 답답해져 힘들어집니다.

그 때부터는 정 반대의 현상이 일어나게 되는 것입니다.

처음에는 잘 해보려 해도
조금 하다 보면 작심 삼 일이 되어버립니다.

처음에 배우자를 만날 때와 지금을 비교해서 사랑이 올라가고 있는지,
내려가고 있는지를 돌아보고 깨달아야 합니다.

처음 만났을 때는 올라갔지만 지금은 조금씩 내려오지 않습니까?
그런데 그것은 흉이 아니라 당연한 것입니다.

영적인 것도 동일합니다.
내가 보이고 세상이 보이면 하나님과의 사랑은 멀어집니다.
나의 삶이 나 자신을 위해 살게 되는 것입니다.

우리가 그동안 영적인 눈이 가리워 있어서
가장 가까이에 계신 하나님을 찾지 못했습니다.

가정에서 어떤 문제가 갑자기 생기면 무엇이 보입니까?
눈이 가리워 있어서 아무 것도 보이지 않습니다.
그 때 나를 다스리면서 하나님이 보여야 하는데 내가 드러납니다.

이렇게 무슨 문제만 생겨도
하나님을 잊어버리는 우리는 미완성입니다.
하나님만이 완성시키시는 분입니다.

이제 하나님께서 우리 안에 완성을 이루기 위해 다시 오십니다.
그러면 우리 안에서 하나님의 감사, 기쁨, 평안, 사랑이 영원히 죽지 않습니다. 하나님께서 당신과 우리의 관계의 완성을 이루시는 것입니다.

[2] 나 같은 죄인에게 거룩은 없어

■ 내 소리는 내지 말아야

하나님의 일을 할 때는 소리 없이 해야 합니다.
그분의 거룩한 성전에서 인간의 소리가 나면 안 됩니다.
그분의 일을 할 때는 불평의 소리 없이 감사로 움직여야 합니다.

여리고 성을 돌 때, 여호수아가 백성들에게
"너희는 외치지 말며 너희 음성을 들리게 하지 말며 너희 입에서 아무 말도 내지 말라 그리하다가 내가 너희에게 명령하여 외치라 하는 날에 외칠지니라"(수6:10)고 하였습니다.

하나님의 사람들은 인간의 소리가 나오는 것이 아니라
하늘의 소리가 나와야 합니다.

인간의 소리는 미완성이기 때문에 역사가 일어나지 않습니다.
하나님의 소리가 나올 때 여리고가 무너진 것입니다

또 기드온의 삼백 용사는 하나님의 용사들입니다.
고작 삼백의 용사들이 수 많은 미디안 군대를 이긴 것은
그들이 하나님의 명령을 받고 오직 그분의 소리를 내며 움직였기 때문입니다(삿8:20-23).

우리도 사단의 영들을 쳐서 이기기 위해서는
하나님의 소리로 가야 합니다.

하나님의 일을 할 때는 소리 없이 감사함으로만 해야 합니다.
내 소리를 내지 말고 하나님의 소리만 내야 이길 수 있는 것입니다.

■ 나를 잡으면 문제를 해결할 수 없어

그동안 내가 걸어온 길이 십자가를 붙들었는지, 내 자신을 잡았는지,
문제가 있을 때 무엇을 잡고 있는지 돌아보아야 합니다.

우리는 십자가를 잡아야 할 때, 자신을 잡을 때가 많았습니다.
하나님의 사람들은 문제가 있을 때 그분을 잡고 일어나야 하는데
자신을 잡으면서 그것이 「의」인 줄 알고 있습니다.

나의 의는 미완성이라 문제를 해결할 수 없습니다.
문제가 생기면 내가 아니라 빨리 하나님을 붙잡고 일어나야 합니다.

믿음이 있다고 하면서도 문제가 생기면
하나님을 잡지 않고 나를 잡아 힘들게 산 것입니다.

문제를 해결할 수도 없으면서 자신을 잡고 있으니,
인간이 얼마나 미련합니까!

보석은 세공자가 깎는 것인데,
보석이 자신을 깎겠다고 하면 되겠습니까?
보석은 깎여지고 빛을 내기만 하면 되는 것입니다.

그런데 아직도 자신을 잡을 것입니까?
나를 잡으면 문제가 해결되지 않습니다.

우리가 잡아야 될 분은 오직 하나님이며
그분만이 우리의 모든 문제를 해결하십니다.

■ 나 같은 죄인에게 거룩은 없어

죄인이라 함은 아직까지 예수 안에서 죄 사함을 받지 못한 자입니다.
그래서 기도할 때마다 이 죄인을 용서해 달라고 하면
심령 속에서 진정한 감사가 나올 수 없습니다.

죄인은 하나님의 나라에 들어갈 수 없습니다.
십자가 속의 하나님의 사랑을 받아들이지 않기 때문입니다.

우리의 삶 속에서 문제가 없을 수는 없으니
십자가의 사랑으로 이겨야 합니다.

그 문제를 이기지 못하고 마음에 들어오면 그것이 죄입니다.
우리는 그 죄를 회개하여 깨닫고 돌이켜야 합니다.

이제 회개하였으면, 죄인이라고 기도하는 것은
겸손이 아니라 하나님께 책망 받을 일입니다.

하나님께서 우리의 호적을 죄인에서 의인으로 바꾸어주셨는데,
내가 또 바꾸려는 것과 같습니다.

그분의 다시 오심은 죄인을 만나러 오시는 것이 아닙니다.
하나님께서 '내가 거룩하니 너희도 거룩하라' (벧전1:16)하셨으므로,
의인을 만나러 오십니다.

죄인이 예수로 인해 거룩한 자가 되어야
다시 오시는 그분을 만날 수 있습니다.

죄인에게는 거룩이 없습니다.
우리 속에서 하나님으로 인해 신의 성품이 나오는 것이 거룩입니다.

그러면 지금까지는 죄의 모습이 보였는데,
이제는 사랑이 보이게 될 것입니다.

죄인은 울면서 한스러운 모습이 나타나지만
사랑은 웃고 춤추는 기쁨으로 나타나게 됩니다.

나 같은 죄인에게 거룩은 없습니다.
그 동안은 육의 것이 내 마음을 잡고 죄로 끌고 갔습니다.

이제 사랑시대는 하나님의 것이 육에까지 흘러 거룩으로 바뀝니다.
죄인이 거룩한 자로 바뀌는 것입니다.

2장
인간은 영이 지배
(Spirit Dominates the Human)

■ 나는 자신을 다스리지 못해

인간은 자신을 다스리지 못합니다.
그래서 사단의 것이 들어오지 않도록 해야 하는데
그것도 내 마음대로 되는 것이 아닙니다.

항상 기뻐하고 감사하고 사랑하고 싶어도
내 마음대로 되지 않습니다.

내가 나를 조종할 수 있으면 천국을 이룰 수 있습니다.
그런데 천국을 이루지 못하는 것은
「나」라는 인간을 다스리지 못하기 때문입니다.

혼자 있어도 기쁨이 올 때가 있고, 사라질 때가 있습니다.
그렇게 사랑스럽던 사람이 어떤 때는 사랑이 가지 않기도 합니다.

왜 어떤 때는 사랑이 가지 않다가,
어떤 때는 넘치게 가는 것이겠습니까?
그것은 내가 나를 다스리지 못하기 때문입니다.

분명히 나는 넘치게 사랑하고 싶은데 그렇게 되지 않습니다.

가족에게도 마음대로 되지 않습니다.

그것은 분명히 내 속에 조종자가 있는 것입니다.
우리는 그 조종자가 사단이 되면 힘이 듭니다.

그런데 타락의 영이 스며들어
나도 모르는 순간에 거기에 잡혀 조종을 받고 있으면서
그것이 「나」인 줄 착각하고 있습니다.

나는 사랑하며 살고 싶다고 해도
내 속에 조종자가 있기 때문에 마음대로 안 되는 것입니다.
우리는 그 조종자가 하나님이 되어야 천국을 이룰 수 있습니다.

타락의 영은 조금의 틈만 있어도 우리 속을 사로잡고 들어옵니다.
이상하게 마음이 가라앉을 때는
이미 사단의 영이 내 속에 스며든 것입니다.

내 가정을 무너뜨리려고 오는 그것이 원수인데,
우리는 분별이 되지 않습니다.
그리고 우리에게는 그들을 몰아낼 수 있는 힘이 없습니다.

「나」라는 인간은
자신을 조종하지 못하기 때문입니다.

그래서 우리는 사단에게 틈을 주지 않기 위해
하나님의 것으로 넘쳐있어야 합니다.
그분의 감사, 기쁨, 평강으로 항상 충만해 있어야 하는 것입니다.

이제 우리가 피할 수 없는,
하나님이 통치하시는 그날이 도래합니다.

■ 인간은 영이 지배해

심령은 영의 세계이기 때문에 인간은 영의 지배를 받고 있습니다.
그래서 상대가 하나님의 사랑으로 나를 사랑하고 있는지 아닌지를
속에서 느낍니다.

육으로는 느끼지 못하지만,
심령 속은 영의 세계이기 때문에 느끼는 것입니다.

그런데 어떤 영이 움직이느냐에 따라서
천국이 되기도 하고 지옥이 되기도 합니다.

감사와 기쁨과 평화는 하나님의 영이 움직이는 천국이고
근심, 걱정, 두려움은 사단의 영이 움직이는 지옥입니다.

내 안에 하나님의 영이 임하면 감사와 기쁨과 평화가 넘치게 되므로
상대가 옆에만 와도 사랑을 느끼게 됩니다.
우리는 그 사랑을 가져야 합니다.

세상을 이길 수 있는 하늘의 놀라운 그 사랑으로
내가 온전히 개혁되어야 합니다.

그러면 옆에 지나가기만 해도
어두운 사단의 세력들이 떠나가 역사가 일어날 것입니다.

예수님은 옆에 지나만 가서도 귀신들이 떨었습니다(막5:17).
바울은 병든 자에게 손수건만 얹어도 악귀들이 떠났습니다(행19:12).
다윗이 수금을 탈 때 사울 속의 악신이 떠났습니다(삼상16:23).

이와 같이 인간은 영의 지배를 받습니다.
이제 사랑시대는 하나님의 영이 우리를 온전히 통치하심으로
심령에서 천국을 이루게 됩니다.

■ **나를 땅의 영이 조종하며 움직여**

하나님은 사랑이십니다(요일4:16).
그래서 우리는 그분의 사랑이 채워졌을 때,
감사, 기쁨, 평강이 나오게 됩니다.

그 사랑의 양이 부족하면
감사, 기쁨, 평강도 마르게 됩니다.

우리 속에서 그 사랑이 드러날 수 있도록
하나님의 사랑이 들어와야 합니다.
아무리 사랑하고 싶다 해도 인간의 사랑은 작심 삼 일입니다.

하나님의 사랑이 들어오지 않으면
우리는 온전한 사랑을 할 수 없습니다.

죽을 때까지 싸우지 말고
사랑만 해야지 라고 다짐하여도 마음대로 되지 않습니다.

부부 싸움을 하고 나서는
별 일도 아닌 것을 가지고 싸운 일을 후회합니다.

다시는 싸우지 않겠다고 속에서 결심하고도
조금 지나면 또 싸우는 이유가 무엇이겠습니까?

사단이 내 속에서 사랑을 끊으려고 부추기는데
그것이 「나」인 줄 착각하기 때문입니다.

나는 마음만 있지 아무것도 하지 못합니다.
인간은 누군가에게 조종을 당하고 있는 것입니다.
그 조종자는 하나님의 영이 아니면 사단의 영입니다.

내가 세속화되어 육을 따라가면
사단이 보이는 문제를 가지고 들어와 하나님의 사랑을 막아버립니다.
문제를 통해서 하나님의 세계를 막아버리는 것입니다.

믿음이 약할 때는
보이는 것으로 인해 하나님의 사랑이 끊어지게 됩니다.
그런데 영성이 강할 때는 모든 문제를 다 뛰어넘습니다.

이 시대는 사람들이 세속화되어
하나님의 사랑이 말라가고 있습니다.
그래서 문제를 뛰어넘을 수 있는 힘이 약해져 있습니다.

영적인 세계의 참 맛을 모르고
하늘의 세계를 즐기는 것이 아니라 세속을 즐기고 있습니다.

그러다 보니 세상의 근심과 염려로 꽉 차 있는 것입니다.
사랑을 말해도 속으로 스며들지 않고 생각에서 끝나버립니다.

육체는 속에서 영이 조종하는 대로 움직입니다.
나를 땅의 영이 조종하면 하늘의 영을 받을 수가 없습니다.
우리는 하늘의 영이 조종해야 땅의 것을 뛰어넘을 수 있는 것입니다.

3장
내 모습은 바뀌어야
(My Image Must Change)

■ 나를 바꾸기 위해 보여줘

하나님께서 기적과 이적을 보이시는 것은
당신의 살아계심을 나타내고 나를 변화시키기 위함입니다.
그런데 인간은 보여주어도 잘 알지 못합니다.

보여주시는 것은 나를 바꾸라는 뜻인데,
깨닫지를 못하고 있습니다.

말씀으로 바뀌지 않기 때문에
하나님이 보여주시기까지 하는 것입니다.

깨닫지 못하는 자에게는
환상이나 꿈을 통해 알려주기도 합니다.
이를 통해 나를 변화시키고, 바꾸시려는 것입니다.

하나님께서 나를 얼마나 사랑하시면 그렇게까지 하겠습니까?
그것이 복인 줄 알아야 합니다.

내가 깨닫지 못할 때,
하나님의 사랑으로 바꾸시려는 것입니다.

영이신 하나님은 인간의 눈에는 보이지 않지만
우리가 깨닫지 못할 때는 기적을 통해 그분의 살아계심을 보이십니다.

결국 하나님이 나를 바꾸시기 위해
환상이나 꿈으로 보이시는 것입니다.

■ 내 모습이 하나님의 모습으로 바뀌어야

인간의 기쁨은 문제가 오면 말라버립니다.
오직 하나님의 기쁨, 하늘의 것만이 마르지 않고 영원합니다.
그래서 우리의 삶이 하늘의 것으로 바뀌어야 합니다.

그러면 내 모습이 하나님의 모습으로 바뀌게 됩니다.
하나님 안에 들어온 자는
이전의 삶을 그대로 가지고 있으면 안 됩니다.

도둑질하던 자가 하나님 앞에 나와서도
계속 도둑질을 하면 바뀌지 않은 것입니다.
이제는 우리의 삶을 하나님의 뜻에 맞추어야 합니다.

우리가 욕심을 갖는 것은 육신의 삶 때문입니다.
삶으로 인해 오는 그 일이 심령 속 하나님의 성전까지 침범하기 때문에 문제입니다. 우리는 각자가 하나님 중심이 되어야 합니다.

진리가 내 안에 들어와서 싹이 나야 합니다.
믿음은 내 안에서 나타나야 합니다.

하나님의 것이 내 속에 들어와서 드러나고 나타나는 것이
개혁된 삶입니다.

우리의 삶이 개혁되지 않고
변화가 되지 않으면 하나님과 상관이 없는 자입니다.

우리가 이방과 다른 것은 하나님으로 인해 산다는 것입니다.
그런데 아직까지도 땅의 것으로 산다면 하나님의 사람이 아닙니다.

하나님께서 우리에게 내 모습 그대로 가지고 나오라는 것은
그래야 하나님의 것으로 바꾸어 갈 수 있기 때문입니다.
이제 우리는 내 것을 하나님의 것으로 바꾸어야 할 때입니다.

내 것은 흠집이 많아서
그것을 계속 쓰다가는 문제가 생깁니다.
그래서 하나님의 것으로 바꾸어야 합니다.

내 모습이 하나님의 모습으로 바뀌어야
개혁된 삶으로 살아가는 것입니다.

■ **내 마음과 모습까지 바꾸어**

사랑시대는 말씀을 아멘으로 받으면
내 마음과 모습까지 하나님의 것으로 다 바꾸십니다.
우리의 모습이 말씀으로 인해 변화되는 것입니다.

병아리가 달걀 속에서 나올 것을 꿈이라도 꾸었겠습니까?
달걀이 병아리가 되어 나오는 것이 완성입니다.
기다리면 껍질을 깨고 나올 것입니다.

껍질을 깨고 나온 병아리는 달걀의 모양이 보이지 않습니다.
우리의 모습이 말씀으로 인해 변화되면,

사단이 아무리 미혹해도 절대로 무너지지 않습니다.
그들이 한 길로 왔다가 일곱 길로 도망가 버립니다(신28:7).
우리의 모습이 없어졌기 때문에 먹이가 없어진 것입니다.

그런데 이 시대는 웃고 살려고 해도
웃음이 마음대로 나오지 않습니다.
웃음은 내 마음대로 나오는 것이 아닙니다.

사랑시대는 하나님께서 웃음이 나올 수 있도록 나를 바꾸십니다.
내 안에서 하나님의 사랑이 나타나는데
나 자신 조차도 이해할 수 없게 만드십니다.

나의 잘못된 습관이 나타날 때는
그런 내가 이해되지 않아 싫어지게 되며,
그것이 깊어지면 인간은 자살까지도 하게 됩니다.

그런데 하나님의 사랑으로 바뀌어지면
그것 또한 이해가 되지 않습니다.

이제 내가 나를 보아도 이해가 되지 않을 정도로
하나님이 바꾸어 놓으십니다.

나도 모르게 잘못된 것이 나올 때도 내 것이 아니니 이해가 되지 않지만, 하나님의 아름답고 고귀한 것이 내 안에서 나올 때도 이해가 되지 않는 것입니다.

이제 우리의 모습을
하나님의 사랑의 모습으로 바꾸십니다.

사랑시대는 진리의 말씀을 받을 때

속에 있는 악이 소멸됨으로써 하나님의 사랑을 다시 찾아
내 마음과 모습까지도 다 바뀌게 되는 것입니다.

■ 불순종의 자리에서 순종의 자리로 바꾸어

사랑시대는 하나님의 말씀이 나를 움직이십니다.
하나님의 영이 내 안에 흐르면
악의 세력들은 나도 모르는 순간에 빠져나가게 됩니다.

진리가 내 안에 들어오면 죄에서 자유를 얻게 됩니다.
하나님은 우리의 아버지이신데,
매일 같이 나는 죄인이라고 하면 그분이 듣기 좋으시겠습니까?

우리는 이것을 겸손인 줄 알고,
자기의 거룩으로 착각하고 있습니다.

아직도 내가 죄인이라고 하면 죄의 자식인 것입니다.
예수님이 죄를 구속하러 오신 것은 나의 호적을 바꾸러 오신 것입니다.
불순종의 자리에서 순종의 자리로 바꾸러 오신 것입니다.

예수님이 십자가를 지심은
나를 죄에서 구속하기 위함이기 때문에
그분을 영접할 때부터 족보가 달라집니다.

지금까지는 에덴에서 불순종하게 만든 뱀의 호적에 올라가 있었지만
영접하는 순간에 하나님의 호적으로 바뀝니다.

사단의 자리가 아니라 하나님의 자리로 옮긴 것입니다.
호적이 바뀌었으니 이제는 죄인이 아닙니다.
하나님의 자녀입니다.

예수님이 십자가를 지시기 위해 오셨을 때는
"회개하라 천국이 가까이 왔느니라"(마4:17)하시며
죄인들을 다 부르셨습니다.

이방은 하나님과 상관없는 자들이었는데
그 죄인들을 불러 죄를 탕감해준 것입니다.
우리가 죄인임에도 불구하고 당신의 자녀로 삼으신 것입니다.

불순종의 자리에서
순종의 자리로 바꾸어주신 것입니다.

■ 정을 영으로 바꾸어야

하나님을 위해 훈련이 되면 화가 복이 됩니다.
믿음의 조상 아브라함도
인간의 정을 영으로 바꾸는 훈련을 받았습니다.

하나님께서 이삭을 왜 번제로 드리라고 하셨겠습니까?
아브라함은 믿음의 조상이지만,
백 세에 얻은 아들을 정으로 끌어안았습니다.

그래서 하나님은 그에게 이삭을 드리라 명령하신 것입니다.
하나님이 명령하시니
그는 이삭을 데리고 모리아 산으로 올라갔습니다.

그런데 하나님은 아브라함이 이삭을 향해
칼을 빼는 순간에 그의 손을 잡았습니다.
'이제야 네가 하나님을 경외하는 줄을 아노라' 하신 것입니다(창22:12).

하나님이 그의 손을 잡은 것은
이미 그 마음에서 자식을 죽인 것을 알았기 때문입니다.
그래서 이삭은 그분이 다시 주신 자식으로, 이제 영으로 받은 것입니다.

땅의 자식이 아니라
하나님이 주신 하늘의 자식으로 받은 것입니다.

우리가 육으로, 정으로 받은 말씀을
이제는 영으로 다시 받아야 완성입니다.

그동안 육으로 받았던 말씀을 칼을 빼서 죽이고 그분께 올려야 합니다. 그러면 하나님이 하늘의 것으로 다시 주십니다.

내 의를 드러내기 위해 정으로 받았던 말씀을 이제는 하나님께 올려드리고, 그분이 다시 주시는 영의 말씀을 받아야 하는 것입니다.
그 때 완성입니다.

하나님께서 '이삭으로 난 자라야 네 씨' 라고 하셨습니다(롬9:7).
진리의 말씀으로 낳은 자입니다.
말씀 속에서 난 자가 하늘의 것입니다.

우리가 하늘의 것을 받았으면 다시 생산해야 합니다.
말씀을 육으로 받았을지라도 생산 할 때는 육이 아니라 영입니다.

사랑시대는 모든 행함이 영으로 나타나야 합니다.
하나님의 것으로 나타나야 그분께 영광이고 우리에게는 평화입니다.
이 모든 일이 이루어져야 완성입니다.

정의 것은 마귀적이고 사단이라 했습니다.
그래서 우리는 정을 영으로 바꾸어야 하늘의 복이 임하게 됩니다.

4장
사단의 기질을 버려야
(I Must Throw Away the Disposition of Satan)

■ 말씀으로 타락의 영을 빼내야

우리는 하나님이 창조하신 하나님의 사람입니다.
그런데 불순종의 영이 스며들어 하나님의 창조가 묻혀버렸습니다.
하나님의 영을 불순종으로 가리워버린 것입니다.

하나님의 영이 육을 지배해야 평안한 것을
타락의 영이 훼방놓는 것입니다.

그런데 우리가 그것을 느끼지 못하는 것이 문제입니다.
그것을 빨리 깨달아서 속지 말아야 합니다.

예를 들어, 한 사람은 하나님의 영이 붙잡아 이끌고,
다른 한 사람은 불순종의 영이 붙잡아 이끌고 있으면
하나님의 영과 불순종의 영은 서로 대적하게 됩니다.

다 같은 사람이지만, 속에서 움직이는 영이 다른 것입니다.
그러면 사랑하는 가족일지라도 속에서는 원수입니다.

겉으로 보이는 사람과 사람이 원수가 아닙니다.
속에서 흐르는 영 때문에 원수가 되는 것입니다.
우리가 어떤 영을 잡느냐에 따라 달라집니다.

인간과의 관계가 아닌데
우리가 영의 눈을 뜨지 못하면 인간을 미워하게 됩니다.
내 속에 그 불순종의 영이 잡고 있는지도 모르는 사람이 많습니다.

우리는 하나님의 영을 붙잡고 그 타락의 영을 몰아내야 합니다.
이것을 알면 빨리 해결할 수가 있습니다.
그러나 모르면, 타락의 영이 육을 잡고 움직이기 때문에 힘들어집니다.

우리는 하나님의 사람이지만,
타락의 영에 잡히면 그분의 대적자가 됩니다.

그래서 하나님께서는 속에 있는 타락의 영을 치십니다.
육을 치는 것이 아닙니다.

말씀을 통해 타락의 영을 계속 몰아내고
빼내는 작업을 하시는 것입니다.

그런데 말씀을 영으로 받지 않고 육으로 받으면
사람과 사람이 원수가 되어버립니다.

그래서 모세와 이스라엘 백성들과의 사이가
때로는 원수가 된 것입니다.

하나님은 그들 속에 있는 악을 빼내기 위함인데
그들은 모세가 하는 소리를 사람의 소리로 들은 것입니다.

이제는 성도들이 영적인 세계를 알아야 합니다.
말씀을 지식으로만 쌓고 공부로만 하게 되면
영적인 세계를 알 수 없습니다.

그리고 지식적인 것 때문에 영적인 것이 하나도 나타나지 않습니다.

인간이 드러나기 때문에 영의 세계가 전혀 나타나지 않습니다.

이제 사랑시대는 말씀으로 타락의 영을 빼내고
하나님의 영이 육을 다스리게 되어 온전한 평화를 누리게 됩니다.

■ 악의 세력들을 끊어버려야

내 안에 미움이 들어오면 바로 지옥이 됩니다.
조금이라도 상대에게 걸리는 마음이 있는 것은
스스로 속는 것입니다.

내가 상대를 미워하면,
상대가 지옥이 되는 것이 아니라
내가 지옥이 되는 것이니 속지 말아야 합니다.

감사만 하고 있으면 하나님의 사랑이 일어나는데
감사가 나오지 않는 것은 속이 이상해진 것입니다.
어두움에 있기 때문입니다.

상대에게 걸리는 마음이 있으면
내 안에서 사단이 조종하고 있는 것임을 알아야 합니다.

내 기분이 좋을 때만 사랑이 나오고,
기분이 나쁘면 사랑이 떨어지는 것은 사단이 끌어내리는 것입니다.

사랑의 물이 말랐는데, 아무리 먹으려 한다고 나오겠습니까?
그래서 내 사랑이 마른 것을 느끼면 하나님의 사랑을 찾아야 합니다.
하나님의 사랑은 마르지 않는 영원한 생명수입니다(요4:14).

내 것은 마르니
하나님의 사랑을 채워야 합니다.
내 것으로는 상대를 살릴 수 없습니다.

그래서 하나님이 하시도록 그분의 사랑으로 품어야 합니다.
하나님이 완성하시므로 우리는 감사만 해야 합니다.
감사하고 있는 자리에 그분이 오셔서 완성하십니다.

하나님의 사랑을 나타낼 때 천국이 임하는 것입니다.
 천국이 임하는 자가 천국을 전하고, 사랑이 있는 자가 사랑을 나누는 것입니다. 하나님의 것은 끊이지 않고 계속 흐릅니다.

 천국은 여기 있다 저기 있다가 아니라 내 안에 있습니다(눅17:21).
하나님이 천국이기 때문에 그분이 내 안에 계시면 천국입니다.

그래서 내 사랑을 버리고 하나님의 사랑을 잡아야 합니다.
하늘의 기쁨과 감사를 찾아야 합니다.

나를 묶으러 오는 악의 세력들을 끊어버리고
하나님의 사랑을 잡아야 온전한 천국을 이룰 수 있는 것입니다.

■ 악의 뿌리를 뽑아야

내 것보다 상대의 것이 더 좋아 보이는 것은
인간의 욕심 때문입니다.
욕심으로는 껍데기 밖에 취하지 못합니다.

그래서 우리는 욕심 곧 악의 뿌리를 뽑아내야 합니다.
악의 뿌리를 뽑아내야 알맹이를 내 안에서, 내 가정에서 취할 수 있습니다.

내가 어떻게 하면 상대를 사랑하고
그 사랑으로 가정의 행복을 지키며 사느냐가 중요합니다.
우리가 겉모습만 보이려 한다면 외식자입니다.

예수님이 바리새인들에게 독사의 자식들이라 하시며(마12;34),
회칠한 무덤(마23:27)이라고 하셨습니다.

겉모양만 아름답게 꾸미고
그 속은 모든 더러운 것이 가득하다는 것입니다.

이제는 입술로만 사랑한다고 가정이 행복한 것이 아니라
마음 속에서 사랑이 넘쳐 나와야 합니다.
가장 가까이 있는 가족에게서 사랑을 먹을 수 있어야 합니다.

그 귀한 사랑을 밖에서 구걸하면서 얻어먹고만 다닐 것입니까?
내 가정에서 퍼 먹을 수 있어야 합니다(잠5:15-18).

내 가정에서 사랑이 흘러 완성시킬 수 있어야 합니다.
그래서 우리는 그분의 사랑으로 바꾸어야 합니다.

하나님의 말씀으로
우리의 가정을 망치려고 들어오는 사단의 세력들을 다 끌어내어
악의 뿌리를 뽑아야 온전한 사랑이 흐르는 것입니다.

■ 사단은 생명 걸고 몰아내야

하나님은 우리에게 기쁨과 평안을 주십니다.
그런데 사단은 그 기쁨과 평안을 빼앗아갑니다.

마음 한 구석에 악한 것들이 자리 잡고 있으면

기쁨이 나오지 않습니다.
나온다 해도 그 기쁨은 온전하지 않습니다.

그래서 사단이 심령 속에 들어오면 안 됩니다.
심령이 평안하려면 생명 걸고 사단을 몰아내야 합니다.

바울은 두 법으로 인해 속에서 많은 전쟁을 했습니다(롬7:22-23).
그의 속에서 한 법은 하나님께로, 또 한 법은 죄를 향하고 있으므로
분쟁이 일어나는 것을 발견한 것입니다.

그래서 생명 걸고 분쟁을 일으키는 자를 몰아냈더니
오직 구속한 주만 보인다고 했습니다.
주만 보였다는 것은 그분의 사랑만 보인 것입니다.

그 사랑은 내 속에 안식하려 합니다.
그러면 온전한 평안입니다.

그러므로 우리의 심령에 이제 절대로 다른 것이 들어오면 안 됩니다.
누구를 미워하는 것도 사단의 영이기 때문에 안 되는 것입니다.

사랑시대는 내가 누구를 걸리게 해도 안 되고, 걸려서도 안 됩니다.
모든 것을 감사와 기쁨으로 통과해야 합니다.

우리에게 하나님이 들어오시기만 하면 복입니다.
하나님께서 책망의 말씀을 가지고 들어오셔도 마음 문을 열어야 합니다.

그분은 사단을 말씀의 검으로 쳐서 내보내려는 것입니다.
우리는 말씀에 의지하여 사단을 생명 걸고 몰아내야
사랑시대 하나님이 주시는 온전한 평안을 누릴 수 있는 것입니다.

■ 내가 결단할 때 사단 떠나

우리가 신앙에 대한 결단을 하지 못하면
사단에 의해 끌려다니게 됩니다.

그러므로 끊을 것은 확실히 끊어야 합니다.
하나님 안에서 '죽으면 죽으리라' 하는 마음으로 결단할 때
사단이 떠나는 것입니다.

확실하게 결단할 때 하나님이 사랑을 넣어 주십니다.
하나님은 우리에게 결단할 수 있는 기회를 항상 주십니다.
그런데 그 결단을 미루면 미룰수록 힘들어지는 것입니다.

십자가를 중앙에 두고 결단해야 할 때 힘든 것은 각오해야 합니다.
고난에 대한 두려움 때문에 결단하지 못하면 힘들어집니다.
이 시대 많은 자들이 결단하지 못해 힘들게 살고 있는 것입니다.

"네가 이같이 미지근하여 뜨겁지도 아니하고 차지도 아니하니
내 입에서 너를 토하여 버리리라"(계3:16).

그분을 믿는다면서 결단하지 못하면
내 후세들이 너무나 힘들어집니다.
그들은 부모가 했던 그대로를 다 받고 살게 되는 것입니다.

인간은 누구나 자신은 고생해도 자식은 고생시키지 않으려고 합니다.
자신은 가난하게 살아도
자식은 부하게 살게 해 주고 싶은 것이 부모의 마음이고 사랑입니다.

그것은 하나님의 마음이기도 합니다.
그래서 내가 결단을 확실하게 해야만 후세가 복을 받게 됩니다.

사단의 것은 과감하게 끊어야 합니다.

속에서 사단이 튀어나와 내 앞 길을 막으면 신앙생활이 힘들어집니다.
그래서 끊을 것은 확실하게 끊는 결단을 할 때
사단이 떠나는 것입니다.

■ **사단의 기질을 버려야**

사단은 인간 속에서 감사와 기쁨을 빼앗고
가정을 깨는 일을 합니다.

그래서 하나님의 자녀들이 사단의 세력들 때문에
지금까지 이 땅에서 고통당하며 살고 있습니다.

이제 하나님께서 사단을 결박하고
그들의 일을 끝내십니다.
하나님의 사랑으로 온전히 새롭게 바꾸시는 것입니다.

그러므로 하나님께서 이 시대의 우리에게 바라시는 뜻과
목적이 무엇인지를 알고 가야 합니다.

그분이 다시 찾고자 하는 것이 무엇인지 알고
그것을 찾아주시면 다시는 잃어버리지 말아야 합니다.

하나님의 사랑을 잃어버리면
방황하다가 생명을 생산해 보지도 못하고 끝날 수 있습니다.

그러므로 나의 「의」와 정욕적인 사랑을 버리고
십자가의 하나님의 사랑으로 바꾸어야 합니다.

여인이 결혼하면 남편 가문의 모든 것을 따라가는 것처럼
우리도 내 모든 것을 버리고
하나님께 맞추어야 마음이 평안합니다.

내 사랑을 버리고
하나님의 사랑으로 바꾸어야 평안함을 누릴 수 있는 것입니다.

인간 속에는 사단의 기질인 정욕과 탐심이 있습니다.
그 사단의 기질을 버려야
하나님의 사랑이 들어와 감사와 기쁨의 삶으로 바뀌는 것입니다.

5장
내 모습이 보이지 않아야
(My Image Must Not Show)

■ 이방의 것을 버려야

이방의 것은 근심, 걱정, 염려, 두려움을 가져다주기 때문에
우리 속에 이방의 것을 품고 있으면 안 됩니다.

하나님께서는 그 이방의 것을 몰아내시고
감사, 기쁨, 평강을 주십니다.

그래서 우리가 웃을 수 있고,
기뻐할 수 있다는 것에 감사해야 합니다.
우리가 가져야 할 것은 감사와 기쁨과 평강입니다.

이방의 것은 세속적인 것이기 때문에
이제는 버려야 할 때가 왔습니다.

이방의 것은 나를 죽이는 독소입니다.
그것을 뿌리 뽑아야 그분 앞에 설 수 있습니다.
이제 사랑시대는 진정 하나님의 온전함으로 서야 합니다.

우리 속에는 오직 하나님의 사랑만 있어야 합니다.
그분의 사랑을 평안과 감사로 속에 담아야 합니다.

그런데 내 속에 있지 말아야 될 것이 있으면
하나님의 사랑이 나오지 않습니다.
상대에게 하나님의 사랑이 가지 않으면 이방의 것이 들어온 것입니다.

그러므로 심령 속에 이방의 것이 들어오지 않도록
하나님의 진리만 품어야 합니다.

우리 속에서 이방의 것을 버려야
하나님의 사랑으로 온전한 평안이 임하는 것입니다.

■ 하나님 외에 다른 신들을 섬기지 말라

십자가의 사랑은 온 인류를 향한 하나님의 사랑입니다.
우리는 그 사랑을 모든 자들에게 다 전해야 합니다.

이제 성령의 새 바람이 불게 될 것입니다.
그러므로 내 정적인 것은 죽어야 합니다.
그것이 우상입니다.

우리는 하나님만 섬겨야 합니다.
그분을 따라야 하고,
하나님 외에 다른 우상을 섬기지 말아야 합니다.

하나님의 계명이
"너는 나 외에는 다른 신들을 네게 두지 말라"(출20:3)고 하셨습니다.
그리고 우상에게 절하지 말며 섬기지 말라고 하셨습니다.

우리가 우상이라고 하면 어떠한 형상을 세워놓고 절하거나
제사상에 절하는 것으로만 알고 있습니다.

내 안에 하나님 외에 다른 것
곧 세상 것으로 인해 마음을 빼앗기는 것이 우상입니다.
그것이 마음에 들어와서 나를 힘들게 하고, 죽이는 독소가 됩니다.

그러므로 하나님 외에 다른 신들을 섬기지 말라는 것은
정욕적인 것에 마음을 빼앗기지 말라는 것입니다.

우리의 정욕적인 것에 숙이지 말고
하나님께 숙여야만 사는 길이 열립니다.

■ 내 것을 내어놓아야

내 것으로 인해 마음 속에 걸리는 것이 있으면 그것이 지옥입니다.
힘들어지는 것입니다.
내 것은 정과 욕심이 들어있어서 하나님을 거스리기 때문입니다.

지금까지 하나님의 것을 내 것으로 알고 왕의 행세를 했으니
이제는 그분께 내어놓아야 합니다.

내 마음을 하나님께 내어놓을 때 그분의 사랑과 기쁨이 오게 됩니다.
그런데 사랑과 기쁨이 나오지 않는다면
하나님의 것을 내 마음대로 사용하고 있는 것입니다.

남녀가 처음 만났을 때는 사랑으로 만났는데,
살다보면 그 사랑이 흐려집니다.

인간의 사랑 속에는 정과 욕심이 있어서
때로는 원수가 되기도 하는데,
사랑시대 하나님이 들어오셔서 다시 회복시켜주셔야 합니다.

태초에 하나님이 창조하실 때는 인간이 사랑으로 지음 받았는데,
불순종으로 인해 그분의 사랑을 상실해 버렸습니다.
그래서 내 것으로 힘들게 살아온 것입니다.

이제 그분이 들어오시면 사랑을 회복시켜 주심으로
감사, 기쁨, 만족이 오게 됩니다.
그것이 천국 곧 에덴입니다.

에덴을 다시 찾아야 신앙이 온전해지는 것입니다.
신앙생활을 하면서 자신이 만족하지 못하면 힘들기만 합니다.
이제는 청사진만 그릴 것이 아니라 실질적인 것을 취해야 합니다.

사랑시대는 우리 속에 내 것이 있으면 절대로 안 됩니다.
내 것을 내어놓아야 하나님의 사랑으로 완성되는 것입니다.

■ 내 것을 가지고 있으면 「화」

이제 사람의 힘으로는 살지 못할 날이 오게 됩니다.
내 것을 가지고는 살지 못합니다.

내가 사랑하고 싶은 자만 사랑하고,
미움이 가는 자를 미워하는 것은 나의 것입니다.
내 것을 가지고 있으면 「화」입니다.

그래서 "땅에 사는 자들에게 화, 화, 화가 있으리니"(계8:13) 라고 하셨습니다. 땅에 사는 자는 내 것을 가지고 있는 자를 말합니다.

그러므로 우리 속의 땅에 사는 자를 몰아내야 합니다.

「나」라는 자는
사랑하고 싶은 사람들만 사랑하니 화입니다.
그 인간의 사랑을 하나님의 사랑으로 바꾸어야 합니다.

하나님의 사랑이 들어오면
그분이 사랑하는 자들을 사랑하게 됩니다.

사랑시대는 내 것을 가지고 있으면 화입니다.
내 것을 내어놓아야 하나님의 사랑으로 살 수 있는 것입니다.

■ 내 모습이 보이지 않아야

예수님께서는 "누구든지 나를 믿는 이 작은 자들 중 하나라도 실족하게 하면 차라리 연자 맷돌이 그 목에 매여 바다에 던져지는 것이 나으리라"(막9:42)하셨습니다.

실족케 하는 것은 영적으로 죽이는 것입니다.
그러면 실족케 할 때 연자 맷돌을 매고 바다에 빠져 죽으라는 것입니다. 내 모습이 보이지 않아야 실족시키지 않습니다.

연자 맷돌을 매고 내 모습이 바다 속으로 들어가 버려야 합니다.
하나님의 사랑 속으로, 은혜 속으로 들어가야 실족시키지 않습니다.

연자 맷돌을 목에 매라는 것은 예수를 목에 매고
진리 속에 들어가면 실족케 할 염려가 없다는 것입니다.

그런데 은혜가 떨어지면
실족케 하고 진리 속에 들어가지 않아 문제입니다.

연자 맷돌을 매라고 해도 매지 않습니다.
은혜가 될 때 매게 됩니다.
연자 맷돌을 매면 회복이 오게 됩니다.

은혜 속에 있을 때,
내 모습이 보이지 않을 때는 얼마나 평화스럽습니까!
그래서 우리는 삶 속에서 그분의 은혜를 발견해야 합니다.

하나님의 것을 찾아 사용해야 합니다.
에덴 밖의 죽은 사랑 곧 내 사랑을 계속 사용하면 안 됩니다.
우리는 살아계신 하나님의 사랑을 가지고 사용해야 합니다.

그러면 매일같이 기적 속에 살아가는 자입니다.
기적은 죽은 사랑을 버리고 살아있는 사랑을 나타내는 것입니다.
내 모습은 보이지 않고 하나님의 사랑이 나타나는 것이 기적입니다.

■ **내 모습은 벗어져야**

인간은 미완성입니다.
내가 마음을 먹는다고 그대로 이루어지는 것이 아니며
절제를 하겠다고 해서 마음대로 되는 것이 아닙니다.

나는 완성자 같지만, 미완성자입니다.
그래서 이제 사랑시대 하나님이 완성하시기 위해 움직이십니다.
그 완성이 우리 안에서 보여질 것입니다.

그분이 다시 오심으로 우리 속의 악이 빠져나갑니다.
십자가의 사랑이 들어오면 내 모습이 없어지는 것입니다.

내 시대, 내 세상의 끝이 온 것입니다.

이제 하나님께서 나의 시대를 끝내고 당신의 시대를 여십니다.
사랑시대는 완성적인 시대입니다.

내 것은 볼품이 없습니다.
내가 하는 것은 모양이 아름답지 않습니다.

내가 하는 것은 욕심이 있기 때문에
하나가 되지 않습니다.

그러나 하나님이 임재해서 움직이는 자들은 그 모습이 다릅니다.
하나님의 모습이 보이는 것입니다.

내 모습이 벗어지고
하나님의 말씀이 빛으로 모습 속에 나타나는 것입니다.
그 모습은 내 모습이 아닙니다.

하나님은 당신을 위해서가 아니라
우리를 위해 모든 것을 다 내어놓으셨습니다.

당신의 것을 다 내어놓았기 때문에
이 시대를 하나로 만들 수 있는 것입니다.

가정에서도 내 것을 다 내어놓을 때는
평화와 기쁨이 오고 하나가 됩니다.
그런데 인간은 그 일을 계속 할 수가 없습니다.

'내가 오늘은 상대를 위해 희생해야지' 하고 결심을 해도
지속적으로 하기는 참 어렵습니다. 작심 삼 일입니다.

그것이 계속 된다면 천국의 완성입니다.

우리는 미완성이기 때문에 내 모습이 조금씩 나오는데
이제 하나님께서 십자가의 사랑으로 바꾸십니다.

십자가의 사랑이 나올 때는 하나님의 기쁨이 나타납니다.
그 기쁨은 모습이 다릅니다.

사랑시대는 미완성인 내 모습은 벗어지고
십자가의 하나님의 사랑이 들어와 완성을 이루는 것입니다.

6장
나를 버려야 천국
(I Must Throw Myself Away, then Heaven)

[1] 불순종의 영을 버려야

■ 내 안에서 인색을 끊어버려야

인색은 내 마음의 인색이고, 가난의 영 줄기입니다.
인색은 가난의 영이 따라다니는 것입니다.

우리가 하나님께 충성, 봉사를 제대로 해 보았습니까?
교회에서 걸레를 잡는 것, 찬양하는 것, 박수 치는 것도 인색하지 않고 그분께 정성을 다해 마음껏 드렸는지 돌아보아야 합니다.

인색이라 하면 우리는 물질만을 생각하지만 내 몸을 아끼는 것도 인색한 것입니다. 가난의 영들이 붙잡고 있는 것입니다.
내 것이 풍족해야 나누어 줄 수 있습니다.

옛날 어른들이 하는 소리가 있습니다.
집안에 사람의 왕래가 많고 그들에게 대접을 잘 하는 자들은 부유하게 사는데, 집안에 사람의 왕래가 없고 냉랭한 가정들은 가난을 벗지 못한다고 했습니다.

가난의 영은 악한 저주의 영입니다.

그러므로 우리 속에서 가난의 영이 떠나야 합니다.
인색을 속에서 완전히 지워버려야 합니다.

인색은 독소이기 때문에
사랑을 먹고 살아야 될 자 속에 이런 것이 흐르면 안 됩니다.

이것도 에덴의 불순종을 통해 들어온 것입니다.
이제 에덴을 찾아가려면 인색을 끊고 가야 합니다.

인색은 물질뿐만 아니라
마음과 몸으로 할 수 있는 모든 것을 말합니다.

언제까지 가난의 영, 더러운 영들에게 끌려다닐 것입니까?
사랑이 나올 자리에서 인색이 나오면 안 됩니다.

이제는 하나님의 통치시대가 도래합니다.
그래서 우리 속에는 다른 것이 있으면 안 됩니다.
내 안에서 인색을 끊어버려야 합니다.

예수님이 온전한 것을 하나님께 드렸으니
나도 온전한 것을 드려야 합니다.
'온전한 것을 드리라' 는 것은 인색하지 말라는 것입니다.

하나님의 온전한 것은 사랑입니다.
그 사랑을 우리에게 주셨으니 내 속에는 사랑만 있어야 합니다.

예수님이 나를 위해 물과 피를 다 쏟으신 것처럼
우리도 내 안에서 인색을 끊고 몸과 마음을 온전히 드려야 합니다.
하나님을 가장 존귀하게 여길 수 있는 마음이 되어야 하는 것입니다.

■ 내 생각의 틀은 버려야

믿음 생활은 나의 열심으로 할 수 있는 것이 아닙니다.
하나님의 은혜가 아니면 할 수 없습니다.
우리는 무엇을 해도 성령의 인도 따라 움직여야 합니다.

하나님을 믿는다고 하면서도 자신의 틀에 매여서
그분을 만나지 못하고 가는 자들이 너무나 많습니다.
지금은 젊은이들까지도 틀에 매여 자신을 깨지 못하고 있으니 문제입니다.

믿음은 하나님께 내 몸과 마음을 드리는 것입니다.
그런데 그 틀로 인해 제대로 드리지 못하고 있습니다.

하나님은 살아있는 신이시며, 창조의 주인이십니다.
그분이 이제는 직접 나에게 찾아오셔서
명령하시는 그 때가 왔습니다.

그래서 내가 그분의 명령을 받지 않고 움직이면
무엇을 해도 외식과 형식입니다.
외식과 형식으로 하는 것은 내가 드러나게 됩니다.

그러나 하나님의 진리의 감동이 임하시면
십자가의 사랑이 드러나는 것입니다.

우리는 내 틀에서 빨리 벗어나야 합니다.
신앙의 첫 번째는 하나님과의 만남입니다.
하나님을 만나지 못하고 하는 일은 아무것도 아닙니다.

내게 있는 것을 다 드려도 하나님을 만나지 못하면 헛수고입니다.

하나님께서 우리에게 세상 사람은 상상할 수 없는 복을 주셨습니다.

이제 사랑시대는 하나님을 잡지 않으면 살지 못합니다.
「나」라는 틀은 아무것도 아닙니다.
하나님의 틀이 되어야 합니다.

인간의 법의 틀이 아니라,
하나님의 언약의 틀 속으로 들어가야 합니다.

그런데 율법주의로 가기 때문에 가슴이 아픈 것입니다.
법의 틀 안에 있으면, 하나님께 내 몸과 마음을 다 드리지 못하고
생명을 죽이게 됩니다.

하나님을 알지 못하는 이방들이 생명을 죽이는 것이 아니라
내 안에서 사단의 무리들이 죽이고 있는 것입니다.
그래서 하나님의 가슴이 아프신 것입니다.

내 안의 생명을 죽이면 안 됩니다.
우리는 틀에 매이지 말아야 합니다.
내 생각으로 하나님의 법을 정해서는 안 됩니다.

하나님을 위해 내 안에 있는 생명에게 자유를 주어야 합니다.
내 생각의 틀로 생명을 매지 말고 죽이지 말아야 합니다.

이제 율법의 틀에서 벗어났으면,
내 생각의 틀을 버리고
생명이 드러날 수 있는 그 자리에 들어가야 합니다.

■ 나의 부분적인 것을 버려야

"우리는 부분적으로 알고 부분적으로 예언하니
온전한 것이 올 때에는 부분적으로 하던 것이 폐하리라

내가 어렸을 때에는 말하는 것이 어린아이와 같고
깨닫는 것이 어린아이와 같고 생각하는 것이 어린아이와 같다가
장성한 사람이 되어서는 어린아이의 일을 버렸노라"(고전13:9-11).

'부분적으로'는 내 속에서 하나님의 것이 부분 부분 나오는 것을 말합니다. 그런데 온전한 하나님의 사랑이 임하는 것은 재림의 때입니다.

장성한 사람이 되어서는 어린아이의 일을 다 버려야 합니다.
부분적으로 하던 것을 버려야 합니다.
온전한 것이 오면 부분적인 것은 필요 없는 것입니다.

부분적으로 했던 모든 것을 폐하고
이제는 우리 속에서 하나님의 것으로 드러나야 온전한 것입니다.

그러면 온전한 것이 올 때 하나가 됩니다.
하나님과 내가 하나로 일치되는 것입니다.
이것이 십자가의 사랑입니다.

하나가 될 때, 사랑시대 하나님의 생명을 생산합니다.
우리 속에서 열매가 맺어지는 것입니다.
하나님의 것으로 삶의 열매가 맺어지는 것입니다.

이것이 사랑입니다.
그러니 사랑이 없어 탄식하지 말고 서로 사랑해야 합니다(요일4:11).
상대를 바라보면서 '너는 어찌 그리 사랑스러우냐!' 라는 말이 나와

야 합니다.

내 속에서 이 말이 나와야 하는데, 가로 막는 것이 있어
입으로만 '너는 어찌 그리 사랑스러우냐!' 한다면
이미 평안이 사라진 것입니다.

그것은 하나님과의 영의 끈이 끊어져있는 것이니
그분의 사랑이 회복되어야 합니다.

사람의 마음은 가만히 있어도
어떤 때는 기분이 좋다가도 갑자기 언짢아지기도 합니다.

인간의 심령 속은 영의 세계이며,
하나님의 영과 사단의 영이 함께 움직이기 때문입니다.

우리 속에 있는 사단의 영이 빠져나가야 합니다.
하나님이 우리 속에서 그 악을 빼주셔야 합니다.
우리는 하나님의 영을 받아야 감사와 기쁨과 평안이 흐르게 되는 것입니다.

사랑시대는 우리 속에서 가로막고 있는 것들을 완전히 제거하고
생명들을 하나님의 사랑과 연결시켜야 합니다.
그러면 우리는 그분의 사랑으로 살게 될 것입니다.

우리는 장성한 사람이 되어야 합니다.
장성한 사람은 어린아이의 것을 버리게 됩니다.
우리 속의 모든 악을 다 버려야 하나님의 사랑이 들어오는 것입니다.

그런데 내 것을 버리지 않는다면
어떻게 하나님의 것이 들어오겠습니까?
거기에서 어떻게 생명을 생산할 수 있겠습니까?

이제는 나의 부분적인 모든 것을 버려야 합니다.
온전한 하나님의 사랑만이
이 시대의 우리가 살아갈 수 있는 길인 것입니다.

■ 불순종의 영을 버려야

성경 66권은 하나님을 찾아가는 길입니다.
"내가 곧 길이요, 진리요, 생명이라"(요14:6)하신
예수를 만나 잃어버린 에덴을 찾아가는 길인 것입니다.

그러면 성경에서 에덴을 찾아야 합니다.
성경은 사랑이고, 사랑은 생명입니다.
성경은 생명이 하나님을 경배하는 것입니다.

나는 그 생명을 사랑만 해야 합니다.
하나님의 생명을 사랑하려면 나를 버려야 합니다.

그런데 인간은 나를 버릴 수 있는 힘이 없습니다.
나는 생명을 사랑할 수 있는 힘이 없고,
오직 하나님께만 그 힘이 있습니다.

그래서 우리는 그분의 사랑을 받아 그 사랑을 드러내야 합니다.
내 것은 생명력이 없습니다.
하나님께서 주시는 것만이 생명력이 있어 살릴 수 있습니다.

인간은 에덴에서 이미 생명을 잃어버렸기 때문에
에덴 밖에서 예수의 생명을 받아야 되는 것입니다.

뱀이 하와에게 '선악을 알게 하는 나무의 열매를 먹으면

너의 눈이 밝아져 하나님처럼 된다' 고 했는데(창3:5),
그들이 그 열매를 먹는 순간 하나님의 사랑을 잃어버렸습니다.

그리고 세상을 보는 눈은 밝아졌지만 하나님을 보는 눈이 어두워졌습니다. 그래서 인간은 하나님처럼 될 수 없습니다.

에덴에서 잃어버린 사랑을 하나님이 다시 찾아주셔야 합니다.
우리 속에 다시 가지고 들어오셔야 되는 것입니다.

그래서 내 것을 빨리 버릴 줄 알아야 합니다.
내 것을 사용하려고 하기 때문에 실패하는 것입니다.
내 것은 이미 저주받은 것이니 버려야 합니다.

내 안에 들어온 불순종의 영을 빨리 버려야
하나님의 사랑이 회복되고, 에덴이 회복되는 것입니다.

[2] 나를 버려야 천국

■ 내 본성을 버려야

부부간에 매일같이 서로를 찔러댄다면 그 가정은 끝난 것입니다.
그런데 그러한 가정을 평화로 바꾸시는 것이 하나님의 능력입니다.
하나님이 들어가시면 바뀌는데 인간들이 자신에게 다 속고 있습니다.

그동안 뱀의 조종을 받고 살아 왔기 때문에
우리의 본 모습은 다 이러합니다.

인간은 자신이 특별하게 선하다는 소리를 할 수 없습니다.
우리는 거기서 거기이므로 말할 것이 없습니다.

이제는 더 이상 속지 말아야 합니다.
인간의 사랑으로는 원수를 사랑할 수 없습니다.

그래서 사랑시대는
인간의 사랑을 하나님의 사랑으로 바꾸시는 것입니다.

나를 찌르는 자에게 사랑으로 다가가는 것은
인간의 힘으로 할 수 있는 일이 아닙니다.

인간은 원수를 갚아야 한다는 본성이 있기 때문입니다.
「나」라는 자는 갚을 것은 꼭 갚아주어야 직성이 풀리는 자입니다.
상대도 한 번 당해봐야 한다는 마음이 인간 속에 다 들어있는 것입니다.

에덴에서부터 불순종의 영이 흘렀기 때문에 그 마음을 가지고 태어났습니다. 그런데 사랑시대는 그 마음이 없어져야 합니다.
나부터 바뀌어야 합니다.

이제 하나님의 사랑이 들어오므로 나의 본성이 바뀌고 회복되는 것입니다. 다시 제 자리를 찾아가는 것입니다.
하나님께서 제 자리를 찾으시는 것입니다.

사랑시대는 내 본성을 버리고
하나님의 성품을 닮아가는 때입니다.
그러면 가정부터 평화로 바뀌게 됩니다.

■ 내 허물을 벗어야

우리는 누구를 미워할 자격이 없습니다.

그런데 아직도 미운 사람이 있다면 내 허물부터 벗어야 합니다.
내가 누구를 미워하고 누구를 판단할 수 있겠습니까?

하나님께서 우리에게 사랑만 하라고 하시는데
사랑은 나오지 않고 미움이 나온다면
미움이 하나님의 사랑을 가리우고 있는 것입니다.

「나」라는 가죽옷으로
하나님의 사랑을 가리우고 있는 것입니다.
이것이 불순종으로 인해 가죽옷을 입은 인간의 모습입니다.

그래서 사랑시대는
그 허물을 벗고 하나님의 사랑을 드러내야 합니다.

내가 할 수 있는 것은 아무것도 없으니 이제 그만 속아야 합니다.
우리 속에 미워하는 마음이 흐르면 안 됩니다.
진리의 말씀으로 그러한 나를 이겨야 합니다.

하나님의 사랑은 서로 끌리게 되어 있으므로
심령에서 누구와 걸림이 있는가를 항상 확인해 보아야 합니다.
더 이상 속지 말고 내 속에 흐르는 악을 끊어야 합니다.

예수님은 하나님의 생명들을 위해
물과 피를 다 쏟으시면서 십자가를 지셨습니다.

그런데 하나님이 독생자를 내어주시면서까지 살리신 생명들에게
사랑이 가지 않는다면 되겠습니까?

그러면 자기가 왕의 행세를 하고 있는 것이며,
스스로 속고 있는 것입니다.

오직 우리 안에 하나님의 사랑 외에 다른 것은 없어야 합니다.
십자가의 사랑만 나와야 합니다.

그 사랑은 나의 것이 아닙니다.
우리는 하나님의 사랑만 드러내야 합니다.

우리 속에서는 상대를 미워하는 마음이 조금이라도 있으면 안 됩니다.
겉으로는 사랑한다 하고
속으로는 미워하고 있으면 그것은 사랑이 아닙니다.

상대에게 「나」라는 겉모양이 아닌
속에 있는 사랑이 나타나야 합니다.

속에서는 미워하면서
겉으로만 웃고 있다면 그것은 가식과 외식입니다.

십자가 사랑의 완성은 속과 겉입니다. 영과 육입니다.
그러므로 영과 육이 하나라도 빠지면 완성이 아닙니다.

이제 진리의 말씀으로 내 허물을 벗어야
그분의 온전한 사랑이 흐르게 되는 것입니다.

■ 나의 의를 버려야

우리는 항상 상대의 단점을 말하기 좋아합니다.
내 의로 상대를 판단하기 때문입니다.
그런데 상대의 단점은 내 몫이 아니므로 우리는 사랑만 해야 합니다.

자녀들 속에서도 장점이 보입니까, 단점이 보입니까?
자녀가 잘한 것만 보이면 가정에서 절대로 소리가 나지 않습니다.

내가 볼 때, 자녀들의 단점이 보이기 때문에
가정이 시끄러운 것입니다.

우리는 진정 상대의 장점만 보아야 합니다.
하나님이 우리에게 그것을 허락한 것입니다.

그러나 상대가 잘못할 때
내 의로 판단하며, 내 방법대로 가고 있습니다.

하나님은 영이시고 나는 육이므로,
내가 육의 일을 더 잘 알고 있으니 내가 해결 해야겠다는 것입니다.
그 믿음의 단계는 아직까지 하나님 앞에 맡기지 못한 것입니다.

내가 하기 때문에 밤이 새도록 그물을 내려도 고기가 잡히지 않아
그물을 씻으며 포기하는 것입니다.
나를 포기하고 던질 때, 그분이 찾아와서 해 주십니다(눅5:5-6).

우리는 내 의를 잡고 있는 것이 지혜인 줄 알았습니다.
내 의를 사용하여 문제를 해결하는 것이 지혜인 줄 알았던 것입니다.

그것이 진정 믿음인 줄 알지만,
자신을 잡으면 망하는 것이니 그분을 잡아야 합니다.

나의 의를 잡으면 심령 속이 어두워집니다.
그동안 우리가 얼마나 미련하게 가고 있었는지 돌아보아야 합니다.

우리의 믿음 생활이 입으로는 십자가의 사랑이라고 하지만
사실은 자신의 의를 잡고 있습니다.
하나님만 바라보며 왔다고 하지만 실상은 땅에 있는 자입니다.

우리가 땅의 것을 가지고 있으면
어떻게 하나님의 것과 접목시키겠습니까?
그래서 땅에 있는 자에게 화, 화, 화가 있다고 하셨습니다.

이제 우리는 믿음의 한 단계를 뛰어넘어
묶여있었던 자신에게서 벗어나야 합니다.

재림의 자리까지 들어가려면
나의 의를 버려야 하는 것입니다.

■ **나를 버려야 천국**

"하나님의 나라는 볼 수 있게 임하는 것이 아니요
또 여기 있다 저기 있다고도 못하리니
하나님의 나라는 너희 안에 있느니라" (눅17:20-21).

천국에서도 서로 분쟁하고 분열하며 다투겠습니까?
천국은 평안입니다.

말씀은 곧 하나님이십니다(요1:1).
말씀을 받으면서도
속에서 감사와 기쁨이 일어나지 않는다면 천국이 아닙니다.

사람들이 상상하는 천국은 눈물과 한숨이 없는 곳,
감사와 기쁨이 차고 넘쳐서 춤추며 다니는 곳인 줄로 알고 있습니다.
천국에 가면 항상 평화스럽게 웃고 다니는 것을 상상합니다.

그런데 더 중요한 것은 지금 천국을 소유하며 웃어야 하는 것입니다.
웃음과 감사가 나오지 않는 것은 내 욕심 때문입니다.

내가 만족되지 않기 때문입니다.

하나님이 만족을 주셨는데,
나를 버리지 못하니 만족이 안 되는 것입니다.

나를 버리면 만족하고 기쁨이 나오게 됩니다.
하나님의 것이 흐르게 되는 것입니다.

사람은 태어나서 죽는 날까지 걱정, 근심, 염려만 합니다.
천국은 그것을 벗고 하나님 속으로 들어가는 것입니다.

천국을 내 안에 두고도 들어가지 못하는 이유는
「나」라는 인간성을 버리지 못하기 때문입니다.
나를 버리면 바로 천국입니다.

7장
내 의가 죽어야 하나님의 영광 드러나
(For God's Glory to be Revealed, My Righteousness Must Die)

■ 나의 선(善)까지 죽어야

아무리 천사 같이 보이는 사람 속에도 욕심은 있습니다.
인간 속에는 선과 함께 불순종의 영이 흐르기 때문입니다.
두 줄기가 흐르는 것입니다.

어린아이 일지라도 인간 속에는 욕심이 있습니다.
사람 속에서 나오는 선과 악 중에서 무엇을 잡아야 하겠습니까?

당연히 선을 잡아야 하지만,
그 선(善) 조차도 나를 구원할 수는 없습니다.

내가 잘못으로 인해 좌절하여 주저앉아 있으면
내 속에서 「선」이 천사로 나타나서 나를 끌어안으며 위로합니다.
선이 그 잘못의 머리가 되는 것입니다.

사단이 잘못한 나에게
하나님의 위로처럼 사랑으로 가장하고 오는데
그것이 구세주가 되어버립니다.

그러면 그것이 하나님의 사랑인 줄 착각하고

위로를 받았다고 기분이 좋아지는 것입니다.

사단이 어떻게 둔갑하고
우리 속에 들어오는지를 잘 확인해야 합니다.
그 자는 천사로 가장합니다.

말씀이 영으로 열리지 않으면,
가장하고 있는 그 자를 잡을 수 없습니다.

영으로 열린 말씀으로
천사로 가장하고 있는 내 선을 몰아내야 합니다.

내 속에 있는 선을 살려놓으면
그 선으로 계속 내 잘못을 덮게 되고 교회에서 왕 노릇하게 됩니다.

그래서 내 속의 「선」까지 죽어야 합니다.
나를 위로해 주는 그 자가 없어지고
하나님이 십자가의 사랑으로 품어주셔야 합니다.

하나님은 나의 선으로 위로하지 않고,
십자가의 사랑으로 하십니다.
나의 선을 가지고 위로하는 것은 내 속에 있는 땅의 왕입니다.

진리를 가로채려고 오는 것입니다.
천사로 가장하고 오는데, 말씀이 아니면 어떻게 알아보겠습니까?
우리가 지금까지 그것으로 위로 받고 기뻐하며 살아 왔습니다.

그러다가 나의 선이 머리를 들고 나와
결국은 인간이 드러나게 됩니다.

그런데 하나님이 위로하시면 「나」라는 자체가 없어집니다.

우리는 하나님의 사랑을 붙잡아야 나의 선이 없어지는 것입니다.

천사로 가장하는 나의 선까지 죽어야
내 속에서 하나님이 드러나게 됩니다.

■ 정욕적인 생각과 탐심을 끊어야

우리의 믿음이 외식적인 어느 틀에 갇히면
광야 사십 년을 돌게 됩니다.

애굽에서 나온 이스라엘 백성들 중에
애굽을 버리지 못한 자들은 가나안 땅을 밟지 못했습니다.
애굽을 버리지 못해 가나안을 소유하지 못한 것입니다.

그들이 가나안을 심령에 먼저 소유하여
광야 생활 속에서 가나안의 영광이 나타났어야 하는데
그렇지 못했습니다.

우리는 애굽의 일을 벗어야 합니다.
애굽의 일은 우리의 육성입니다.

우리의 정욕적인 생각과 탐심을 끊어야
하나님의 것이 나타나는 것입니다.
그것이 사랑시대입니다.

이제는 형식적인 틀에 갇혀 있지 말고
정욕적인 생각과 탐심을 끊어야
사랑시대 하나님의 영이 우리 위에 임하십니다.

■ 육의 근성을 밟아야

육에 있는 사람을 영으로 세우는 일은 쉬운 일이 아닙니다.
육을 훈련시키는 것보다 더 어려운 것이 영성 훈련입니다.
육의 근성을 밟지 못하면 영의 훈련이 안 됩니다.

영으로 회복되면,
책망의 소리까지도 받을 수 있어야 합니다.
그런데 육에 있는 사람은 책망의 소리를 받기 어렵습니다.

예수님은 십자가 상에서
물과 피를 다 쏟으시고 나서야 모든 것을 이루셨습니다.
우리는 잠깐 해 보고 안 된다고 하면 되겠습니까?

우리도 죽기까지 가야 생명이 일어나는 것입니다.
내가 살고자 하면 생명이 죽습니다.
죽고자 할 때 생명이 사는 것입니다(눅9:24).

"사람의 원수가 자기 집안 식구리라"(마10:36)하셨으니,
보이는 식구가 아니라 내 육성을 다스려야 합니다.
그 자를 다스리지 못하면 힘들어집니다.

육의 근성을 밟아 뿌리를 뽑아내야
생명이 일어나게 되는 것입니다.

■ 내 의가 죽어야 하나님의 영광이 드러나

죄는 우리의 것이 아닙니다.
내 「의」도 우리의 것이 아닙니다.

죄는 고개를 숙이지만
내 의는 절대로 숙이지 않습니다.

교회에서 시끄러운 소리가 나는 이유는
내 「의」로 서로를 찔러대기 때문입니다.

사랑시대는 내 의가 죽어야 합니다.
이제 모든 것을 내어놓아야 살 수 있습니다.

초림은 첫째 사망이고
재림은 둘째 사망입니다.

초림은 예수님으로 인해 내 죄가 죽었다면
재림은 이제 내 「의」가 죽어야 하는 것입니다.
그러면 하나님의 영광이 드러나게 됩니다.

8장
나를 다스려야
(I Must Rule Over Myself)

■ 죄를 다스리는 자가 되어야

하나님은 창조의 주인이시며, 우리를 지으신 아버지이십니다.
우리는 모든 짐을 아버지께 맡기고 감사함으로 나아가야 합니다.

예수님은 무거운 짐을 다 당신께 맡기라고 하셨습니다(마11:28).
그런데 맡기라고 하신 그 짐을 하나하나 풀어서
내가 잡고 있지 않습니까?

그분은 걱정, 근심, 염려를 다 맡기리고 하셨는데
우리는 그것을 끌어안고 있는 것입니다.

교회에 와서 회개한다며
죄를 풀어헤치다가 다 못하면 집에까지 가지고 갑니다.
그러면 언제 하나님과 사랑을 하겠습니까?

결국은 하나님과 사랑의 고백을 한 번도 해 보지 못합니다.
눈물을 흘리면서 문제와 죄를 파헤치다가
아버지를 제대로 만나보지도 못한 채 회개만 하다가 가는 것입니다.

하나님께서는 이제 한의 눈물을 그만 흘리라고 하십니다.

포도주와 독주를 끊으라는 것입니다(삼상1:14).
포도주와 독주는 땅의 것 곧 죄를 말합니다.

땅의 것으로는 고통이기 때문에
우리는 하늘의 것을 먹고 살아야 합니다.

예수님도 땅에서 나는 포도주를 다시 마시지 않고
하늘에서 나는 새 것을 마시겠다고 하셨습니다(마26:29).

우리도 하늘의 것을 먹고 사는 것이 생활화가 되어야
죄를 다스릴 수 있습니다.

땅의 것으로 인해 매일같이 눌리기 때문에 우울증도 오는 것입니다.
죄에 눌리면 한숨이 나오고 영육이 다 힘들어집니다.

그런데 사랑시대는 말씀으로 그 죄를 다스리는 것입니다.
십자가의 하나님의 사랑이 일어나야만 죄가 나를 넘보지 못합니다.

진리 안에서 자유를 누리지 못하기 때문에
아직도 나는 죄인이라고 고백하는 것입니다.

죄인에 대한 호적이 바뀌지 않아서
사단이 따라다니며 송사하는 것입니다.

우리는 이제 죄를 완전히 던져버려야 합니다.
죄를 다스리는 자가 되어야 진리 안에서 온전한 자유입니다.

■ 나를 다스리지 못하면 시끄러워

"노하기를 더디하는 자는 용사보다 낫고
자기의 마음을 다스리는 자는
성을 빼앗는 자보다 나으니라"(잠16:32).

나를 다스리지 못하면
가정이 시끄럽고 힘들어지게 됩니다.

하나님이 아니면 살기 힘들어지는 때가 다가오고 있습니다.
마음이 힘든 때가 옵니다.
사람들이 자기의 마음을 다스리지 못해 힘들게 되는 것입니다.

가정에서 가족 간의 관계에서도 시끄러울 때 왜 그렇겠습니까?
마음의 힘든 것이 드러나는 것입니다.

가정에 문제가 생기면 각자 속에서 자기의 의가 드러나게 되는데
그것을 다스리지 못하기 때문에 시끄러운 것입니다.
사단은 문제를 통해 순간에 덮칩니다.

문제를 통해 가정에서 다툼이 일어나는 것은
사단에게 속고 사는 것입니다.
나를 다스리지 못하면 시끄러워집니다.

그런데 마음이 평안을 찾으면 문제가 수월하게 해결됩니다.
우리가 마음을 지키려면 십자가의 사랑을 붙잡아야 합니다.
십자가의 사랑으로 내 자신을 다스려야 합니다.

이제 우리는 더 이상 속지 말고
내 안에서 문제를 통해 드러나는 사단을
십자가의 사랑으로 다스려야 하는 것입니다.

■ 죄에서 자유를 얻어야

하나님은 십자가에서 당신의 독생자에게 물과 피를 다 쏟게 하시고
우리를 죄에서 구원하셨습니다.
그래서 우리의 호적이 바뀐 것입니다.

예수를 영접하면 이제 하나님의 자녀입니다.
죄인에서 의인으로 호적이 바뀐 것입니다.

그러나 아직도 기도 할 때마다
나는 죄인이라고 고백한다면 예수님을 영접한 자가 아닙니다.

예수를 영접하면
우리의 죄를 대신 짊어지신 그분의 십자가 밑에 죄를 묻는 것입니다.
그 죄를 다시 들추어내면 안 됩니다.

그런데 우리는 회개하고 나면
용서받은 것 같고 마음이 후련한 것 같아 죄를 또 들추어냅니다.

그분을 믿는다고 하면서 '이 죄인을 용서하소서' 하는 말을
신앙생활을 하는 동안 계속 반복합니다.
그러면 죽을 때까지 죄인이라는 낙인이 지워지지 않는 것입니다.

죄인은 마귀에게서 난 자입니다.
예수님이 유대인들에게
'너희는 너희 아비 마귀에게서 났으니' 라고 하셨습니다(요8:44).

예수님은 우리를 죄에서 구원
곧 죄인이라는 낙인을 없이 하러 오셨습니다.
죄를 해결하러 오신 것입니다.

우리는 죄에서 온전한 자유를 얻어야 합니다.
그래야만 사단이 건드리지 못합니다.
그런데 매일 같이 나는 죄인이라고 하니 사단이 송사하는 것입니다.

'그래, 너는 죄인이지' 하면서,
하나님 앞에 나와도 계속 죄만 생각나게 하는 것입니다.
우리가 이 일에서 빨리 풀림을 받아야 합니다.

하나님은 우리의 죄를 사랑으로 풀어주셨습니다.
그래서 죄에서 자유입니다.
그러므로 우리는 하나님 안에서 감사, 기쁨, 평안을 누려야 합니다.

이제 우리는 말씀으로 죄를 다스려야 합니다.
하나님의 구속한 자가 되었으면
죄를 다스릴 수 있어야 합니다.

사랑시대는 에덴에서
하나님이 아담에게 주셨던 다스리는 권세를 회복하는 것입니다.

죄에서 자유를 얻어야
에덴을 회복한 자 곧 하나님의 자녀입니다.

■ **내 안에서 가나안을 이루어야**

구약의 이스라엘은 보이는 가나안 땅에 들어갔지만
우리는 영적인 가나안 땅에 들어가야 합니다.
영적인 가나안은 심령 속이 하나님의 땅으로 회복되는 것입니다.

가나안은 젖과 꿀이 흐르는 비옥한 땅입니다.

그런데 그 땅을 이미 이방이 차지하고 있었습니다.

그 땅을 하나님이 이방에게서 빼앗아 친자녀인 이스라엘에게 주신 것입니다. 그러면 영적으로도 같습니다.

영적으로 우리의 심령 속을 누가 차지하고 있습니까?
땅의 정욕적인 것들이 심령 속을 잡고 있습니다.
이미 이방이 자리 잡고 있는 것입니다.

정은「나」이고, 욕심은 돈입니다.
그래서 말세에는 사람들이 자기를 사랑하며 돈을 사랑한다고 하신 것입니다(딤후3:2). 이제 우리는 하나님 사랑과 이웃 사랑으로 가야 합니다.

예수는 마음을 하나님께 내어놓고,
당신의 몸은 이 땅에 다 내어놓았습니다.
그래서 내 안에 완성을 이루시는 것입니다.

그러나 심령의 땅에 아무리 좋은 씨를 뿌려도
이방이 밟고 다니기 때문에 수확하지 못하고 있습니다.

이삭이 샘을 파면,
물이 나올 때마다 블레셋이 와서 메꾸어 버렸습니다(창26:18).
영적으로도 똑 같습니다.

믿음이 생기려고 하면,
이방인 블레셋이 와서 심령을 덮어버립니다.
이것이 영적 어두움입니다.

이제 새 하늘과 새 땅의 완성은 심령 속을 다시 회복시키는 것입니다.

이 땅의 어두움, 가시넝쿨을 없이 하시는 것입니다.
그러면 씨를 뿌릴 때마다 백 배의 결실을 맺게 됩니다(창26:12).

그래서 가나안은 내 안에 이루어야 합니다.
나는 내 마음을 다스리지 못하지만, 하나님의 영이 임하면
이방이 굴복되어 내 안에 가나안이 이루어지는 것입니다.

사랑시대는 내 안에서 악의 종신이 이루어지고
하나님의 사랑으로만 가득하게 되는 것입니다.

내 안에서 새 하늘과 새 땅으로 가나안이 이루어지면
가는 곳마다 하나님의 것이 나오게 됩니다.
그래서 가는 곳마다 생명을 살리는 역사가 일어나는 것입니다.

9장
사랑의 문을 열어야
(I Must Open the Door of Love)

[1] 우리는 사랑만 해야

■ 사랑에 인색하지 말아야

인간은 사랑을 먹고 살아야 합니다.
그런데 내가 먼저 상대에게 사랑한다는 말을 하지 않고,
상대가 먼저 나에게 말해주기를 바랍니다.

우리는 상대에게 사랑한다는 말을 먼저 하지 않습니다.
그것이 바로 인색의 영입니다.
사랑에 인색한 것입니다.

인간은 누구나 시한부 인생으로,
하나님 앞에 갈 날이 정해져 있습니다.

하나님은 우리의 시간표를 정해 놓으셨지만
인간은 그 시간표 속에 있는 줄 모르고 살아가는 것입니다.

사랑을 나누며 살기에도 짧은 시간인데
그렇지 못한 우리의 모습을 자주 보게 됩니다.

그런데 우리는 인색을 물질로만 생각하고 있습니다.
인간은 가지고 있는 물질이 없어서 하나님께 드리지도 못하고 이웃에게 나누어주지도 못한다고 말합니다.

그러나 하나님께서는 없는 것을 하라는 것이 아니라
있는 것으로 하라고 하십니다.
써도 써도 끊이지 않는 것을 사용하라는 것입니다.

마음에서 나오는 사랑은 끊이지 않는 샘물입니다.
마음 속에서 '당신을 사랑해요' 라는 말은
쉼 없이 하여도 마르지 않는 생명수입니다.

우리는 사랑의 생명수가 내 안에 있는데
사용하지 못하고 있는 것입니다.

상대가 나에게 사랑한다는 소리를 하지 않는데
내가 왜 자존심 상하게 먼저 사랑한다고 말해야 되느냐며
내 의를 내세웁니다.

우리는 상대가 사랑을 주든, 안 주든 그냥 심어야 합니다.
말을 한다고 심어지는 것이 아니라
사랑하는 마음이 속에서 일어나야 합니다.

'왜 이렇게 사랑스럽지!' 하는 마음이 일어나면서
하나님의 사랑이 계속 내 안에서 나가야 합니다.
그 사랑이 나갈 때, 내 안에도 사랑이 들어오게 됩니다.

그런데 사랑이 나가지 않는다면 그것이 바로 인색입니다.
내 안에 인색한 영이 들어있는 것입니다.
인색한 영이 속에서 막고 있는 것입니다.

내 안에서 상대에게 사랑이 나가지 않는 것이 지옥입니다.
보기 싫은 사람이 있으면 큰일입니다.
그 일은 금식이라도 해서 빨리 해결해야 합니다.

사랑이 나가지도 않는데 어떻게 사랑을 거둘 수 있겠습니까?
내 안에서 사랑이 나갈 때, 사랑으로 거두는 것입니다.
이제 생각을 바꾸어야 합니다.

말씀을 받고 보니, 우리가 그동안 사랑에 인색했습니다.
사실 돈이 드는 것도 아닌데 인색했습니다.
우리가 속고 있는 것입니다.

그러면 누구에게 가장 인색한 것 같습니까?
가장 가까운 사람에게는 인색하고, 밖에 나가서는 잘 하지 않았습니까?

하나님께서는 네 집안에서부터
가족에게 사랑을 주라고 하십니다.

우리는 사랑에 인색하지 말아야 합니다.
내 안의 생명을 먼저 사랑하고, 가족부터 사랑해야 합니다.

내 속에서 사랑이 일어나고, 가정에서 일어나야
참된 사랑이 나가게 되는 것입니다.

■ 우리는 사랑만 해야

하나님은 사랑이십니다(요일4:8).
우리도 사랑만 해야 하며, 사랑만이 사는 길입니다.
마지막 끝에는 사랑이 없어 탄식을 합니다.

인간 속에서 상대를 위해 희생하는 사랑이 없어지고 있습니다.
부모를 섬기는 희생이 없어지고
이웃을 섬기는 사랑이 없어지고 있는 것입니다.

상대에게 희생하는 사랑이 사라지고
나만을 위한 이기적인 사랑으로 바뀌는 것입니다.
그런데 하나님은 그 사랑을 삼켜버리십니다.

자기를 사랑하고 돈을 사랑하고 원통함을 풀지 않는 것은
그분이 다시 오실 때 일어나는 일들입니다(딤후3:1-5).
그 일들이 지금 내 속에서 일어나는지를 돌아보아야 합니다.

상대를 용서치 않고 원한을 풀지 않으며
관계를 회복하지 않고 원수 맺는 일은 사단이 하는 일입니다.
그래서 말세에 이런 일로 인해서 고통이 온다는 것입니다.

우리 속에서 피가 흐르지 않고 그대로 멈추면 죽는 것처럼
내 안에서 사랑이 나가지 않으면 고통입니다.
사랑이 계속 나가야 할 사람이 나가지 않으면 죽습니다.

사랑이 내 속에 들어와서 나가지 않으면 죄의 냄새가 풍기게 됩니다.
사랑은 속에 담아놓기만 하면 썩어 냄새가 납니다.

아무리 내가 사랑이 많아도
담아놓고 문을 닫으면 숨이 막혀 죽습니다.
사랑은 내보내야 합니다.

사랑을 계속 내어보내면 장수하게 됩니다.
우리는 사랑만 해야 기쁨이 충만한 삶을 살 수 있는 것입니다.

■ 나를 아낌없이 드려야

인간은 사랑을 주는데 인색합니다.
하나님께 찬양을 드리고 박수치는 것도 인색합니다.

인간에게는 이러한 인색의 영이 흐르고 있습니다.

돈이 들어가는 것이 아닌데도 이렇게 인색합니다.
상대를 위한 일에 인색이 있는 것입니다.

말세에 인간은 자기를 사랑하며, 돈을 사랑합니다.
우리가 돈이 안 드는 것도 인색한데, 돈에는 얼마나 인색하겠습니까?
그래서 훈련이 필요합니다.

인간은 인색이 있지만
예수님은 인류를 위해 하나도 남겨놓지 않고 다 쏟으셨습니다.

쏟으면 더 많은 것으로 다시 돌아오게 되어 있는데
쏟지 않기 때문에 받지 못하는 것입니다.
물질만을 말하는 것이 아니라 내게 있는 것을 말하는 것입니다.

누가 하나님께 특송을 할 때도 박수를 치는 것은
그 사람에게 치는 것이 아니라 하나님께 영광을 올리는 것입니다.

찬양을 잘 불렀다고 그 사람에게 치는 것이 아닙니다.
'하나님! 영광 받으세요' 하는 것입니다.
그런데 이것도 제대로 하지 못합니다.

우리 속에는 이러한 인색의 영이 흐릅니다.
그것이 사단의 것이기 때문에
가난이 따라다니고 심령이 곤고해지는 것입니다.

예수님은 당신의 것을 하나도 남김없이 다 내어놓았으므로
다시 오실 때는 온 인류가 그분께 경배하게 될 것입니다
하나님께서 내리신 것을 먹지 않고 살 자가 어디 있겠습니까!

이제 마음에서 인색을 버리고
그분께 나를 아낌없이 드려야 합니다.

[2] 사랑의 문을 열어야

■ 가족부터 사랑해야

하나님은 사랑이십니다.
하나님을 사랑한다면 내 형제와 가족을 당연히 사랑해야 합니다.

보이는 내 가족을 사랑하지 못하면서
보이지 않는 하나님을 어떻게 사랑한다고 하겠습니까?(요일4:20)
보이는 가족부터 사랑해야 합니다.

가장 가까운 자를 사랑하는 것이 진짜 사랑입니다.
가장 가까운 자를 사랑하지 못하고,
가장 가까운 자에게 인정받지 못하면 그것은 진정한 사랑이 아닙니다.

먼저 내 자신부터 사랑하고
가장 아끼는 남편, 아내, 자녀를 사랑해야 합니다.

내 가정에서 사랑이 메말랐는데 누구를 사랑하러 가겠습니까?
그래서 사랑은 내 안에서 일어나 가족부터 사랑해야 하는 것입니다.

■ 사랑의 문을 열어야

우리의 마음이 힘든 것은
사랑해야 할 자리에서 사랑하지 못하기 때문입니다.
우리는 잃어버린 사랑을 다시 찾아야 합니다.

인색하지 말고 사랑을 주어야 합니다.
'네가 나에게 사랑을 주지 않는데, 내가 주겠느냐? 한다면
심령 속이 마르게 됩니다.

사랑은 우리의 것이 아닙니다.
하나님은 사랑을 주라고 하시는데, 우리는 받으려고만 합니다.
그러면 하나님을 절대로 만나지 못합니다.

그래서 힘들다고 하는 것입니다.
내 마음이 힘들면 나만 손해를 보는 것 같지만,
그것은 하나님이 손해를 보는 것입니다.

하나님이 각자에게 사랑의 달란트를 다 주셨는데
우리는 그것을 묻어만 놓고 사용하지 않으니
하나님이 손해를 보는 것입니다(마25:14-30).

하나님이 손해인데 우리가 좋을 리가 있겠습니까?
왜 내 마음대로 사랑의 문을 열었다, 닫았다 하는 것입니까?

너는 나한테 이만큼만 사랑했으니,
나도 그만큼만 할 것이라는 것은 잘못된 사랑입니다.
그런 사랑은 하나님의 사랑이 아닙니다.

그래서 힘이 드는 것입니다.
우리는 마음 문을 열고 다 사랑으로 품어야 합니다.
이제 사랑의 문을 온전히 열어야 합니다.

■ 사랑을 주는 자가 되어야

이 시대의 가정들이 소리가 나고 깨지는 것은

돈 때문이 아니라 사랑 때문입니다.

가정에 문제로 인해 어려움이 오면,
가족 간에 사랑이 있는지 없는지 알 수 있습니다.
진짜 사랑은 가장 힘들고 어려운 순간에 나타납니다.

사랑이 없으면 문제가 터질 때 깨지게 됩니다.
그러나 사랑이 있으면 주위가 다 말라도 더 끈끈하게 하나가 됩니다.

부부간에 아무리 사랑을 한다고 해도,
어려운 문제가 터지면
진짜 사랑인지 아닌지를 알 수 있습니다.

그러면 그 문제를 극복한 자들은
사랑의 힘으로 일어나는 것입니다.

가정이 깨지는 것은 상대 때문이라고들 하지만,
결론은 사랑이 없는 것입니다.
사단은 사랑을 깨려고 계속 문제를 가지고 들어옵니다.

그래서 진짜 사랑하는 가족은 문제가 있을 때 더 하나가 됩니다.
문제로 인해 소리가 나고 흔들리기도 하지만,
결국 사랑으로 이기는 것입니다.

이렇게 하나님은 사랑으로 서로를 살리려 하시는데
사단은 가정에서 사랑을 없애려고 합니다.

우리가 전에는 이기적인 사랑,
손만 벌리고 받으려는 사랑이었습니다.

그런데 십자가의 하나님의 사랑이 내 안에 들어오면,
그 때부터는 상대를 위한 희생의 사랑을 하게 됩니다.

사랑이 바뀌는 것입니다.

하나님의 사랑이 온전하게 들어오면
그 때부터 사랑을 나누게 됩니다.
내가 사랑을 받지 못하면서 어떻게 사랑을 줄 수 있겠습니까?

십자가의 사랑은
계속 내 안에서 폭발적으로 넘쳐 나오는 생명수입니다.

이제 우리는 그 사랑을 주는 자가 되어야 합니다.
생명들에게 하나님의 사랑을 공급해 주어야 하는 것입니다.

■ **사랑을 넘치도록 내보내야**

인간은 상대에게 사랑을 준다 해도,
자기의 기분에 따라 그 양이 많이 갈 때도 있고,
조금 갈 때도 있습니다.

사랑이 많이 나갈 때는 내 마음이 부자인데
조금 나갈 때는
내 안에서 기쁨이 사라지고 가난해지고 있지 않습니까?

내 안에서 사랑이 많이 나가야
만족입니다.

그래서 예수님이 부자 청년에게
"네 소유를 팔아 가난한 자들에게 주라"(마19:21)하셨습니다.
네가 받은 사랑을 다 나누어주라는 것입니다.

그러면 그분이 책임지시겠다는 것입니다.

상대에게 사랑을 많이 준다고
내 안의 가루통에 가루가 떨어지겠습니까?(왕상17:16)

퍼도 퍼도 끊이지 않고 계속 나오게 될 것입니다.
상대에게 사랑이 많이 나갈 때는 내 마음이 만족함으로 부자입니다.
내게 유익이 없어도 그냥 행복한 것입니다.

그런데 상대가 나에게 미운 짓을 하면
사랑이 잘 나가지 않을 때가 있습니다.

사랑이 나가지 않을 때는
내 안에 만족함이 없어 기쁨이 사라지게 됩니다.
진정 우리는 상대가 어떠하든지 사랑의 양을 계속 늘려야 합니다.

우리 안에서 넘치게 나가야 하나님이 넘치게 부으실 것입니다.
그런데 내 안의 것이 나가지 않으니
하나님의 것이 내려오지 않는 것입니다.

그래서 부자청년이 재물이 많으므로
근심하며 돌아갔습니다(마19:22).

그의 소유를 팔아
가난한 자들을 나누어주라는 것이 재물만이겠습니까?
상대가 만족하도록 사랑을 넘치게 주어야 합니다.

그러면 하나님이 계속 나를 만족하게 해 주십니다.
내가 사랑을 조금 주니 그분이 내게 그만큼만 주시는 것입니다.
내 사랑이 많이 나갈 때 행복하다면 하나님이 더 부어주신 것입니다.

그래서 사랑을 넘치도록 내보내면
내 모습뿐 아니라 상대도 바뀌게 되는 것입니다.

10장
나를 통해 하나님의 사랑이 나타나야
(God's Love Must Appear through Myself)

■ 내 모습은 없어지고 하나님의 사랑만 나가야

우리 속에 하나님의 사랑이 넘치면 나의 형체가 보이지 않습니다.
연자 맷돌을 목에 매고 바다 속으로 들어가는 것입니다(막9:42).
연자 맷돌을 매는 것은 내 모습을 보이지 않기 위함입니다.

내 안에 하나님의 사랑이 온전히 머리까지 차면
성령의 나머지 열매도 자연히 맺히게 됩니다(갈5:22-23).

그러면 내 모습은 없어지고 하나님의 사랑만 보입니다.
그 사랑으로 「나」라는 인간을 덮어버리는 것입니다.

그런데 성경 공부로는 그 사랑이 나오지 않습니다.
성경은 하나님의 사랑을 드러내려고 먹는 양식인데
지식만 쌓아 무엇하겠습니까?

성경은 하나님의 사랑으로 나를 다스리는 것입니다.
내 모습이 보이지 않고
그분의 사랑이 나를 통해 나가는 것이 성경입니다.

인간 속에 하나님의 사랑이 들어와 나타나는 것입니다.

내 안에 하나님이 들어오셔서
나를 통해 그분이 보여야 합니다.

그러면 성경이 내 속에서 보이는 것입니다.
내 모습은 없어지고
하나님의 사랑만 나가는 것입니다.

■ 나를 통해 하나님의 사랑이 나타나야

우리의 가정을 아름답고 행복하게 바꾸시기 위해
말씀으로 찾아오신 하나님께 감사해야 합니다.
하나님이 내 가정에 손을 대시면 복된 가정으로 바뀌게 됩니다.

하나님이 들어오시지 않으면 불행한 일이지만
하나님이 내 가정에 어떤 방법으로든 들어오시기만 하면 복입니다.

초림 때, 예수님은 예루살렘 성전을 바꾸시려고 들어가서 엎었습니다.
그분이 엎으신 것은 복입니다.
다시 세우기 위함입니다.

돌 하나도 돌 위에 남지 않고 다 무너뜨리고
다시 세우셨습니다(마24:2).

다시 세우신 것은 보이는 성전이 아닙니다.
예수님은 오셔서 심령의 성전을 세운 것입니다.
이제 그 심령의 성전을 드러내시려고 그분이 다시 오십니다.

그래서 내 것이 드러나면 안 됩니다.
그분의 것이 드러나야 합니다.

그 심령의 성전은 하나님의 사랑입니다.

사랑시대는
나를 통해 그 사랑을 나타내시려는 것입니다.

나는 기쁨으로 계속 상대에게 사랑이 들어가도록 부어야 합니다.
사랑의 물을 먹고 생명이 살아날 때까지,
그 사랑이 피어나올 때까지 희생하는 것입니다.

내 안의 사랑의 완성은
내가 바뀌고, 나를 통해 사랑이 나타나는 것입니다.

정욕적인 나를 누르고,
십자가의 하나님의 사랑이 내 안에서 드러나는 것입니다.

그러면 이제부터 나는 내 것이 아니라 하나님의 것입니다.
나를 위해 사는 것이 아니라, 하나님을 위해 사는 것입니다.
그래서 내게서 나온 것은 다 하나님의 것입니다.

그분의 다시 오심은
십자가의 하나님의 사랑의 완성입니다.

육을 완성시키는 것이 아니라
내 안에서 하나님의 사랑을 완성시키는 것입니다.

내 안에서 믿음, 소망, 사랑이 나타나는 것입니다(고전13:13).
하나님이 나를 바꾸시는 것은
십자가의 사랑이 나타나도록 하기 위함입니다.

내 모양은 무저갱으로 들어가 버려야 합니다(계20:3).
내 사랑이 나오면 화입니다.

하나님의 사랑만 나오면 평안한데
무저갱에 들어가야 할 자가 튀어나오기 때문에 힘든 것입니다.
그래서 내가 무저갱 속에 온전히 묻혀야 가정이 평안하게 됩니다.

이제 정욕적인 나는 묻고
나를 통해 하나님의 사랑이 나타나야 합니다.

■ 내 안에서 그분의 말이 나타나야

인간이 삶 속에서 만족하지 못하는 것은
말씀 따로 나 따로 생활하기 때문입니다.

하나님의 말씀을 하기 보다
내 말만 하려고 하니 능력이 나타나지 않는 것입니다.
내 말로는 기적도, 만족도 일어나지 않습니다.

그래서 삶 속에서 말씀과 동떨어진 생활을 하는 것입니다.
말씀이 내 안에 들어와서 입을 좀 빌리려 해도
자기의 말만 하다가 끝내 버립니다.

인간들이 마음에 여유가 없기 때문에 자기의 말하기도 바쁩니다.
하나님께 내 입을 빌려드릴 수 있는 여유가 없습니다.

마음으로 사랑하지도 못하는 자가
'사랑을 꼭 말로 해야 하느냐' 는 소리를 합니다.

하나님이 말씀으로 창조하셨으니
우리도 말로 사랑을 표현해야 합니다.

그분이 우리에게 '나의 사랑하는 자야!' 라고 말씀하십니다.
하나님도 사랑을 말씀으로 하셨으니
나도 말로써 사랑을 나타내야 합니다.

마음으로도, 말로도 해야 하는 것입니다.
마음으로 하는 자가 말도 쉽게 나오는 것입니다.
말씀은 하나님이시며, 그분의 사랑의 소리입니다.

이제는 내 안에 말씀이 찾아와서 그분의 말이 나타나야 합니다.
그분의 말이 나타날 때 상대가 만족하게 되는 것입니다.

chapter II

사단의 가정 파괴
(Satan's Destruction of the Family)

11장
에덴에서 첫 사랑을 잃어버려
(First Love Was Lost in Eden)

■ 에덴에서 첫 사랑을 잃어버려

하나님은 천지를 창조하시고
우리를 지으셨으므로 우리의 주인이십니다.

그래서 에덴에서는 그분의 것만 먹고 살았습니다.
오직 그분의 소리 밖에 들리지 않았습니다.

하나님은 사랑 자체이시며
그 사랑의 소리는 듣기만 해도 좋습니다.
그분은 우리를 사랑으로 지으신 것입니다.

하나님과 아담은 사랑의 관계입니다.
그래서 하나님이 창조하신 에덴을 아담에게 맡기셨습니다.
아담이 에덴을 다스리며 누리고 살기를 바라신 것입니다.

에덴동산에서는
하나님으로 인해 아무런 어려움이 없었습니다.
그런데 사랑 속에서 살던 아담과 하와가 뱀의 미혹에 넘어갔습니다.

뱀은 아담이 다스려야 할 들짐승입니다(창1:28).

다스림을 받아야 할 자의 말이
선악과를 먹어버리게 만들었습니다.

하나님은 동산 각종 나무의 열매는 임의로 먹되
선악을 알게 하는 나무의 열매는 먹지 말라고 하셨습니다(창2:16-17).

그런데 뱀의 소리가 하와를 통해 아담에게 들어와
하나님이 먹지 말라고 하신 그 열매를 먹음으로
불순종하게 된 것입니다.

사단의 소리로 인해 하나님의 사랑을 잃어버렸습니다.
그래서 하나님이 에덴에서 그들을 내어쫓으시니
그 때부터 고통이 시작된 것입니다.

그 사단의 소리가
인간에게 들어와 생각을 지배하고 있습니다.

우리 속에 사랑의 싹이 나려고 하면
사단이 와서 자르기를 반복합니다.
그런데 인간은 그것이 자신인 줄 알고 있습니다.

우리는 뱀의 소리로 에덴에서 첫 사랑을 잃어버린 후
지금까지 속고 있는 것입니다.

12장
사랑의 관심 부족
(A Lack of Interest in Love)

■ 상대를 신뢰하는 마음이 부족

우리는 밖에서와 집 안에서의 모습이 다릅니다.
밖에서는 내 장점을 드러내려고 노력을 하는데
집안에서는 노력하지 않고 가족에게 함부로 대할 때가 많습니다.

그래서 사랑이 무너지는 것입니다.
하나님의 사랑을 누리며 살 수 있는 자리를
사단의 영이 들어와서 무너뜨리고 있는 것입니다.

진정 감사하고 기뻐하고 서로가 웃고 살아야 할 자리에
사단의 영이 들어와서 관계를 끊고 다니는데,
우리가 눈을 뜨지 못해 속고 있는 것입니다.

가족을 너무 가볍게 생각하기 때문에
문제가 생기고 신뢰하는 마음이 끊어지는 것입니다.
상대가 사랑해 주기를 바라면서도 나는 사랑하려고 하지 않습니다.

상대가 잘 하기를 바라면서
나는 잘 하려고 하지 않으니 여기에 문제가 있습니다.
우리가 가족에게 하지 말아야 할 말을 함부로 하기도 합니다.

신뢰하는 마음이 더 강해야 하는 가족에게
그 마음이 떨어지기 때문에 가정이 무너지는 것입니다.
상대를 신뢰하는 마음이 부족해 온전한 사랑을 찾지 못하는 것입니다.

그런데 진정 행복은 가정에서 일어나야 합니다.
사랑은 가정에서부터 일어나야 합니다.

상대방의 입장이 되어 대화한다면 등을 돌릴 일은 절대 없습니다.
가까이 있을수록 상대를 존중하는 마음이 일어나야 합니다.

■ **사랑이 나오지 않을 때**

우리의 삶 속에서 가장 행복한 때가 언제이겠습니까?
부부가 서로 신뢰하며 상대가 사랑스럽게 보일 때
행복한 것입니다.

그러므로 신뢰가 떨어지는 일은 서로가 하지 말아야 합니다.
서로가 상대에게 신뢰를 줄 수 있는 단계로 올라가야
가정에 평화가 오는 것입니다.

사랑이 가지 않는 것은 지옥입니다.
가정에서 같이 사는 가족이 미워지게 될 때부터 지옥입니다.
관심이 없어지면서 평안 또한 없어지는 것입니다.

부부 싸움을 하면
화해할 때까지 평화가 오지 않습니다.
화해하고 용서할 때 평화가 찾아오게 됩니다.

가정에서도 사랑이 나갈 때 마음이 기쁘지 않습니까?

사랑이 나가지 않을 때는 마음이 상하고 아프게 됩니다.

사랑이 나가지 않으면,
심령 속은 이미 적막하고 메마른 곳이 된 것입니다.
속이 메마르기 때문에 사랑이 나가지 않고 관심이 없어지는 것입니다.

우리는 상대가 어떠하든지 사랑이 나가야 합니다.
그러나 그 사랑은 사람의 힘으로 되는 것이 아닙니다.

우리가 먹고 사는 것 때문에 힘든 것이 아니라
사랑이 속에서 나오지 않을 때 힘든 것입니다.

■ 사랑이 말라서 관심 부족

"남편들아 아내 사랑하기를 그리스도께서 교회를 사랑하시고
그 교회를 위하여 자신을 주심 같이 하라"(엡5:25).

남편이 아내 사랑하기를 그리스도께서 교회를 사랑하고
당신의 몸을 찢어서 물과 피를 쏟은 것처럼 하라는 것입니다.

남편이 이렇게만 아내를 사랑한다면
그 남편에게 누가 복종하지 않겠습니까?
그 남편을 왜 받들어 섬기지 않겠습니까?

이 시대가 가면 갈수록 많은 가정들이 깨지는 이유는
사랑이 말라가고 있기 때문입니다.
사랑이 마른다는 것은 관심이 없다는 것입니다.

이제 가정으로 눈을 돌려야 할 때입니다.

사랑과 관심을 가지고 가정에 신경을 써야 하는 것입니다.
일이 바빠서 관심을 갖지 못한다는 핑계를 대지 말아야 합니다.

사랑이 말라서 관심이 부족하게 된 것이므로
다시 사랑을 회복해야 합니다.

■ 상대에게 함부로 하는 언어

내가 다른 사람을 대하는 모습과
가족에게 대하는 모습이 다르지 않습니까?

다른 사람에게는 항상 말 한마디를 해도 조심하려고 노력합니다.
그런데 가족에게는 아무런 생각 없이 함부로 말할 때가 많습니다.
너무 가까이 있다 보면 이렇게 조심성이 없어집니다.

그러다 보니 가족에게는 무심코 가볍게 말 할 수 있습니다.
나는 함부로 말하면서
가족의 마음이 아플 것은 생각도 못합니다.

가족에게 내 말이 어떻게 전해질까 하는 생각은 전혀 하지 않습니다.
그냥 가볍게 던지는 말 때문에 힘들고 어려워하며
고통당할 것은 생각도 하지 않는 것입니다.

그래서 가족 간에 관심이 멀어지게 되고
사랑의 연결고리가 끊어지는 것입니다.

우리가 가정 안에서
다른 사람에게 대하듯 조심스럽게만 해도
절대로 가정에서 소리가 나지 않습니다.

가정이 시끄럽다면 반드시 문제가 있는 것이니
그 가시를 빼내야 합니다.

그 가시를 제거해야 하는데
그것을 대수롭지 않게 여겨 빼낼 생각을 하지 않습니다.
그러나 어떠한 희생을 해서라도 그것은 꼭 빼내야 합니다.

가정은 내 피와 땀이 들어가야 회복되는 것입니다.
우리가 영적으로 눈을 뜨지 못해 깨닫지 못하는 것입니다.

하나님의 영이 임한 자는 내 소유가 아닙니다.
하나님의 소유이기 때문에
가족이라 할지라도 함부로 대해서는 안 됩니다.

그러므로 우리가 가정에서 상대에게 쓰는 언어도
함부로 내뱉지 말아야 하는 것입니다.

■ 상대에게 책임 전가

내 속에서 사랑이 나가는 것은 최고의 복입니다.
'상대가 나에게 저렇게 하는데 내가 사랑하게 생겼습니까? 한다면
그것은 에덴에서 아담과 하와가 책임을 전가하는 것과 같습니다.

자기는 잘났고 문제가 항상 상대에게 있다고 생각하도록
속에서 사단이 부추깁니다.
하나님이 물으셨을 때도 내가 아닌 상대를 말했습니다.

"하나님께서 내가 네게 먹지 말라 명한 그 나무 열매를 네가 먹었느냐
아담이 이르되 하나님이 주셔서 나와 함께 하게 하신 여자

그가 그 나무 열매를 내게 주므로 내가 먹었나이다" (창3:11-12).

우리는 어디에서 발단 되었는지를 깨닫고 그것을 뽑아내야 합니다.
그런데 원인이 항상 상대라고 말하기 때문에
해결하지 못하는 것입니다.

사단은 상대를 끌어다 놓고 자기는 빠집니다.
우리의 생활이 이러하기 때문에 문제가 해결되지 않는 것입니다.

사단은 이렇게 가문의 저주를 계속 이어갑니다.
하나님은 복으로 이어가지만
사단은 저주로 이어가는 것입니다.

'상대가 이렇게 했는데 내가 어떻게 할 수 있습니까? 하면서
상대에게 전가하는 자세는 좋은 것이 아닙니다.
그것은 하나님 앞에 이유가 안 됩니다.

하나님께는 변명이 통하지 않습니다.
그러니 책임을 전기하는 소리는 절대로 하지 말아야 합니다.
서로에게 관심이 있는 소리만 나가야 합니다.

하나님께서는 지금 있는 그대로를 물으십니다.
그분은 일대일로 물어보십니다. 이유를 묻지 않습니다.
그래서 각자의 믿음입니다.

그분이 나에게 이유를 막론하고 사랑하라 명령을 하셨으면
상대에게 책임을 전가하지 말고
나는 사랑만 하면서 그 말씀을 지켜야 합니다.

13장
가정이 깨지는 이유
(The Reason Why the Family Breaks Apart)

[1] 정적인 사랑

■ 세속적인 삶의 문제

가정의 목적은 사랑입니다.
사랑의 힘으로 살아가는 곳이 가정입니다.

그런데 이 시대의 가정들이
삶의 문제로 인해 사랑을 빼앗기고 있어 심각합니다.

부부간에 살면서 사랑이 식어지는 이유는
삶 속에서 근심, 걱정이 많아져
사랑에 쏟아야 할 힘을 다른 데로 빼앗겨버리기 때문입니다.

세상의 힘든 것이 틈을 타고 들어와
사랑이 빠져나가고 근심, 걱정, 염려로 채워지는 것입니다.
이미 사라져버린 그 사랑을 다시 찾는 것은 쉬운 일이 아닙니다.

사람은 태어나서 사랑을 조금 맛 보다가 삶에 젖어
삶의 문제를 해결하며 살아가게 됩니다.
그 문제를 부부가 함께 사랑으로 뛰어넘어야 가정에 평안이 있습니다.

우리나라 속담에 '암탉이 울면 집안이 망한다' 고 했습니다.
여자의 소리가 커지면 망한다는 것입니다.

집안에 있던 여자들이 맞벌이 부부가 되어 밖으로 돌기 시작하면서
좋은 점도 있지만 좋지 않은 점도 많아지고 있습니다.

여자들이 집안에 있을 때는 조용했는데
밖으로 돌면서부터 집안이 시끄러워지기 시작한 것입니다.

우리는 사랑을 한다 해도 그 사랑은 잠시 잠깐입니다.
사랑을 계속 유지하지 못합니다.
삶의 문제에 눌리기 때문입니다.

진정 우리가 사랑을 유지해야 할 상대는
멀리 있는 사람보다 가까이에 있는 사람입니다.
그런데 가까이 있을수록 사랑이 멀어지고 있습니다.

가까이 있으면 있을수록
서로의 단점이 보여 문제가 많아지는 것입니다.

그 문제가 사랑 속으로 파고 들어오면서 사랑을 상실하게 만듭니다.
사랑을 빼앗아가는 것입니다.

그것은 사단에게 인간이 속고 사는 것입니다.
하나님의 사랑도 이렇게 되어 가고 있습니다.

우리의 세속적인 삶의 문제 때문에
하나님의 사랑을 잃어버리고 있습니다.
그래서 영적으로 점점 더 어두워지는 것입니다.

■ 희생 없는 사랑

가정이라는 겉 모양은 다 있는데 그 속을 들여다 보면
알맹이가 빠져서 바람이 불면 흔들리는 가정이 많습니다.
그래서 이 시대의 많은 가정들이 깨지고 있는 것입니다.

문제 때문에 가정이 깨진다고 하지만,
속에 들어가 보면 문제가 아니라 사랑에 금이 간 것입니다.
사랑이 엉뚱한 곳으로 흘러버린 것입니다.

가정이 문제 때문에 깨지는 것은
진정한 사랑이 아닙니다.

사랑은 희생입니다.
사랑은 희생할 때 빛이 나는데
희생하지 않으려 하니 소리가 나는 것입니다.

사랑은 희생하지 않고 거저 들어오는 것이 아닙니다.
아무 수고 없이 얻어지는 것이 아닙니다.

우리가 대부분 밖에 나가서는 남에게 잘해 주고 희생도 잘 합니다.
그런데 가정에 들어와서는 가까이 있는 가족에게 함부로 대하고
희생하려고도 하지 않습니다.

가정을 지키는 것은 사랑이며 그 사랑은 희생입니다.
그런데 지키지 못하는 것은 사랑이 없기 때문입니다.
사랑이 없으면 희생은 나오지 않습니다.

서로에 대한 신뢰가 없으면 희생하지 못합니다.
그 믿음이 사랑입니다.

내가 사랑으로 희생을 하는데 소리가 나겠습니까?
희생 없는 사랑은 소리가 나게 됩니다.

내 안에서 사랑이 빠져나가면
희생하려는 마음도 빠져나가는 것입니다.

■ 부정적인 소리

엄마들이 임신하면 좋은 음악을 듣고 좋은 음식을 먹습니다.
아기에게 계속 좋을 것을 공급해 주려는 것입니다.
그것이 사랑입니다.

엄마는 아기에게 좋지 않은 것은 절제하고 항상 조심합니다.
엄마가 자신보다도 속에 있는 어린 생명에게
계속 마음을 쏟는 것입니다.

이처럼 하나님도 우리 속에 있는 당신의 생명에게
계속 좋은 것을 공급해 주십니다.

그런데 생명에게 하나님의 것을 공급해 주실 때
밖에서 덮쳐오는 것들이 많습니다.
그렇게 덮쳐오는 것들에게 우리가 속지 말아야 합니다.

특히 우리는 인간의 부정적인 소리에 입 맞추지 말아야 합니다.
부정적인 소리를 해서도 안 되고 들어서도 안 됩니다.
그 소리를 통해 사단의 영이 흐르기 때문입니다.

그래서 우리는 철저하게 부정적인 소리를 끊어버려야 합니다.
부정이 따라다니면 하나님의 말씀이 심령에 들어올 수 없고 생명이 자랄 수가 없습니다.

생명이 하나님의 영양분을 공급받지 못하면 기형이 되지 않겠습니까?
육의 눈에 보이지는 않지만,
나도 모르는 사이에 심령 속은 기형이 되어가는 것입니다.

하나님은 우리가 당신을 향하는 그 마음을 너무나도 투명하게 보고
계시며 아버지의 사랑을 받아들이는 자를 기뻐하십니다.
하나님의 신령한 것을 사모하는 자를 사랑하십니다.

그래서 하나님의 나라가 심령에 서게 되고
생명들이 '아버지!' 라고 부르며 따르는 것입니다.
하나님은 사랑을 드러내는 자를 기뻐하십니다.

그러므로 이제는 하나님의 생명을 죽이는
부정적인 소리를 하지 말아야 합니다.

■ 머리로 하는 사랑

부모와 자식 간의 사랑은 마음과 마음으로 뜨겁게 와 닿아야 합니다.
그런데 이 시대가 문명이 발달하고 핵가족화 되어 가면서
그 사랑도 변질되어 가고 있습니다.

가정이 점점 개인주의가 되어 가고
부모와 자식 간의 사랑도 머리로 하기 때문에
가정들이 깨지는 것입니다.

하나님을 향한 영적인 세계가 타락되니
부모의 마음에서도 진정한 사랑이 나오지 않는 것입니다.

부모와 자식 간에 마음의 기대가 사랑이 목적이 되어야 되는데,
다른 것을 바라기 때문입니다.
마음과 마음으로 사랑이 이루어지지 않을 때 문제가 되는 것입니다.

하나님의 사랑과 부모와 자식 간의 사랑은 뗄 수 없는 사랑입니다.
이 보다 큰 사랑은 없습니다.

하나님의 사랑이 가장 귀합니다.
그 다음은 부모와 자식 간의 사랑입니다.
그 두 사랑은 끊을 수 없는 사랑입니다.

부모와 자식 간의 사랑은 마음과 마음으로 통하지 않으면 안 됩니다.
하나님의 사랑 또한 마음으로 통하는 것입니다.
하나님의 사랑도 마음으로 하지 않고 머리로 하면 언젠가는 깨집니다.

자식이 부모를 사랑한다고 하지만,
부모의 희생 있는 사랑을 할 수는 없습니다.

우리가 하나님을 사랑한다고 하지만, 나를 위해
독생자를 죽이기까지 하신 그분의 사랑을 할 수는 없는 것입니다.

자식은 부모에게 요구하는 것 밖에 없습니다.
우리도 항상 하나님께 요구만 합니다.
요구하기 전에 마음과 마음으로 뜨거운 사랑을 해야 합니다.

가족 간에도 뜨거운 사랑으로 맺어져야 합니다.
그런데 사랑을 머리로만 알면 가정이 깨집니다.

그러면 가족 간에도 물과 기름입니다.
그런 가정은 얼마나 삭막하겠습니까?

사랑은 머리로 하는 것이 아니라
마음에서 뜨겁게 같이 흘러야 하나가 되는 것입니다.

■ 정적인 사랑

인간은 사랑을 먹어야 살 수 있지만
그 사랑을 잘못 먹으면 문제가 됩니다.

영적인 사랑, 십자가의 하나님의 사랑을 먹어야 하는데
마귀적인 사랑이나 정적인 사랑을 먹으면 문제가 생기는 것입니다.

인간의 정적인 사랑에는 탐욕이 들어있습니다.
그 속에는 에덴의 뱀의 소리
곧 불순종이 들어있어서 요구하는 사랑입니다.

그 사랑은 십자가의 사랑이 아니기 때문에
그 사랑을 하면 가정에 금이 가고 깨지게 되는 것입니다.

가정에서 가족 간에 갈라놓는 일은 탐욕적인 정이 하는 것입니다.
그래서 정적인 사랑을 영적인 사랑으로 바꾸지 않으면
가정에 화가 임하게 됩니다.

"땅에 사는 자들에게 화, 화, 화가 있으리니"(계8:13) 하셨는데
　땅에 산다는 것은 보이는 하늘과 땅이 아니라 정에 속한 자를 말합니다. 정적인 사랑 안에 있는 자에게 화가 임하는 것입니다.

이 시대의 많은 가정들이 깨지는 이유는
십자가의 사랑이 아니라 정적인 사랑으로 가기 때문입니다.

믿는 가정이라고 깨지지 않습니까?
심지어 목자의 가정도 깨지고 있습니다.

예수님을 믿고 의지하면서 십자가의 사랑을 가지고 산다지만
그 사랑의 양이 너무 적어 형식적이 되었습니다.

그리고 심령 속에는 정적인 사랑으로 너무나 많이 채워져 있기 때문에 서로가 맞지 않아 깨지는 것입니다.

가족 간에 정적인 사랑만 받으려고 하면 가정이 깨지게 됩니다.
정적인 사랑에는 탐욕이 들어있어서
희생하는 것 같아도 바라는 것이 있어 불만이 생기게 됩니다.

탐욕은 나를 위함이고,
십자가의 사랑은 하나님과 상대를 위한 것입니다.

그래서 우리의 정적인 사랑을 빼고 십자가의 하나님의 사랑으로
채우면 가족을 위해서 희생적인 사랑이 나오게 되는 것입니다.

■ 대화가 끊어지면

우리는 가정에서 다투게 되면
자존심 때문에 서로 대화하지 않을 때가 많은데
그것은 상대를 무시하는 것이며, 사단에게 속고 있는 것입니다.

상대와 대화하지 않고
'너는 너, 나는 나'라고 하면 완전히 무시하는 행동입니다.
가정에서 대화가 끊어지면 이미 어두움이 잡아버린 것입니다.

그렇게 되면 상대를 신뢰하는 마음이 떨어지면서
서로 멀어지게 됩니다.
그래서 이 시대의 가정들이 어두움으로 그늘이 끼게 된 것입니다.

내 심령이 죽는 것은 물론이고
사단을 통해 가족 모두가 다 죽는 것입니다.

대화가 끊어지면 서로 마음 문을 닫으니,
하나님의 통로까지 닫혀지므로 감사, 기쁨이 사라지게 됩니다.

가정에서는 하나님의 사랑으로
서로 대화를 할 때 하나가 되는 것입니다.

■ 마음에 여유가 없어

마지막 때는 사람들이 자기를 사랑하며, 자랑하며,
조급하며 사납다고 하셨습니다(딤후3:3-4).
그래서 마음에 여유가 없어지는 것입니다.

사단은 마지막 때 사람들 마음에 여유가 없게 만들어
마음의 폭이 좁아지게 하여 가정을 파괴합니다.

인간은 나이가 들면 들수록 마음의 폭이 넓어지는 것이 아니라
오히려 더 좁아져 상대를 품을 수 있는 여유가 없어집니다.
나이가 들수록 돌아볼 수 있는 여유가 좁아져버립니다.

그래서 이 시대의 가정들이 갈수록 힘든 것입니다.
여유가 없으니 그만큼 마음의 폭이 좁아서 이해하지 못합니다.
마음의 폭이 좁으면 수용할 수 있는 힘이 약해지기 때문입니다.

나이가 드신 분이 좁으니, 젊은 자녀들이 넓혀야 하는데
양 쪽이 다 좁으면, 대립이 생기게 되어 힘들어지게 됩니다.

나이를 먹게 되면
몸과 마음이 다 쇠약해져서 여유가 없어지는 것입니다.

나무가 고목이 되면
꽃을 피울 수 없고 때로는 지탱만 하고 있어도 기적입니다.
그런데 주위에서 꽃 피우기를 바라며 찌르고 있지 않습니까?

아무리 꽃을 피우고 싶어도
때가 지나서 피지 않는데 어찌 하겠습니까?
왜 피지 못하느냐고 하면 서로가 힘만 듭니다.

이제 우리의 생활 속에 변화가 있어야 합니다.
어느 한 쪽에서 맞추어 줄 거라 생각하면 오산입니다.
나를 맞추어주기를 바랄 것이 아니라, 내가 맞추어야 합니다.

나이 드신 부모가 자녀를 품는 것이 아니라
자녀가 마음에 여유를 가지고 부모를 품어야 합니다.
하나님의 사랑으로 품을 때 행복한 가정을 이루게 되는 것입니다.

[2] 내 자리를 지키지 못하면

■ 질서를 지키지 않아

하나님이 사랑하는 가정은 질서가 무너지면 안 됩니다.
가정에서 남편의 권위가 땅에 떨어지게 되면
그 가정은 하나님의 복을 받을 수가 없습니다.

우리는 하나님이 주신 가정을 천국으로 만들어야 합니다.
가정을 섬긴다는 것이 얼마나 복 중의 복인 줄 알아야 합니다.
하나님이 주신 가정을 지키지 못한다면 믿는 자의 도리가 아닙니다.

우리가 할 일은 희생의 사랑으로 가정을 세우는 것입니다.
서로를 섬길 때 좋아하지 않을 사람은 하나도 없습니다.

예수님은 제자들도 섬겼는데
우리가 가족도 섬기지 못하면 되겠습니까?

가정에서 소리가 날 때 가장 힘이 듭니다.
그래서 하나님은 가정을 아름답게 하시려는 것입니다.
우리는 그분의 사랑을 받은 것만큼 가족을 사랑해야 합니다.

하나님께서 우리를 외면한 적이 없으시니
나도 가족을 사랑으로 품어야 합니다.

이 시대의 가정들이 깨지는 이유는
질서를 지키지 않아서 입니다.
남편을 남편으로, 아내를 아내로 대우하지 않기 때문입니다.

그러므로 남편은 아내를 사랑하며 괴롭게 하지 말고
아내는 남편에게 복종해야 합니다(골3:18-19).
이것이 하나님이 바라시는 질서입니다.

■ 사랑의 양을 채우지 못해

하나님의 사랑이 나에게 계속 내리는데
그 사랑을 나누지 않으면 썩게 됩니다.

부부 간에, 부모와 자식 간에는
내보내야 할 각각의 사랑의 양이 있습니다.
눈에 보이지 않아도 그 양이 분명히 있습니다.

그 사랑의 양을 100% 내보내야 하는데
90%만 내보내면 10% 때문에 힘들어집니다.
그 양을 다 보내지 못하면 내가 힘든 것입니다.

또 우리 각자에게는 바라는 양이 있습니다.
가족 간에도 각자 속에서 바라는 양이 있는데 그만한 양이 들어오지
않으면 문제가 생겨 가정이 힘들어지는 것입니다.

그러면서 그때부터 금이 가기 시작합니다.
그릇이 조금씩 금이 가는 것은 모르지만,
기간이 오래 되면 그 속에 때가 끼게 되어 알게 됩니다.

우리가 해야 될 양을 다 하지 못하면
가정에 금이 가는 것입니다.

부부간에도 마찬가지입니다.
사랑의 양을 매일 같이 채우지 못하면 금이 커지게 됩니다.

그런데 사람은 상대를 아무리 사랑해도
100%를 다 내어놓지 않습니다.
뒷 주머니에 차고 내어놓지 않는 것입니다.

그것은 인간의 타락성이 있기 때문인데
나에게 유익 같지만 결코 유익이 아닙니다.

사랑의 양을 채우지 못하면,

무엇인가 허전하고 부족합니다.
그러면서 그 공간에 때가 끼게 됩니다.

우리가 진정 가정 천국을 이루고 살려면
나의 양을 다 채워야 합니다.

상대에게 사랑을 받으려고만 하지 말고,
주는 자가 되어야 합니다.
사랑은 주기만 하면 되돌아오게 되어 있습니다.

상대를 향해서 사랑을 100% 내어놓으면 만족, 평화 자체입니다.
그 사랑이 온전하면 가정에서 소리 날 이유가 없습니다.

우리는 사랑의 양을 채울 수 없지만,
하나님은 하실 수 있습니다.
그래서 나의 것을 내어놓고 그분의 사랑으로 채워야 합니다.

■ **내 자리를 지키지 못하면**

우리는 하나님께서 주신
각자의 맡은 자리를 잘 지키고 감당해야 합니다.

삶은 엉망으로 살면서
'너는 왜 나를 높이지 않느냐' 고 하면 되겠습니까?

부부간에 서로 인정하지 않고 멋대로 살면 안 됩니다.
부부간에도 이해가 되지 않으면 부정이 끼게 됩니다.
그것이 어두움입니다.

인정을 받으려면, 각자의 자리에서 자기의 기본을 잘 지켜야 합니다.
기본도 지키지 않으면서 존경받기를 원하는 것은 잘못된 생각입니다.
그래서 각자의 위치에서 자기 자리를 잘 지켜야 합니다.

신앙생활도 마찬가지 입니다.
예배와 기도의 자리를 각자가 잘 지킬 때
인정되고 빛이 나게 됩니다.

하나님께서 주시는 일에 순종하며 지켜 행할 때
그분의 사랑이 임하는 것입니다.

나의 위치를 지키지 않으면 하나님의 사랑이 끊어집니다.
내 자리를 지키지 못하면 마음의 평안이 사라집니다.

그래서 우리는 자기 위치와 자리를 잘 지키면서
각자가 하나님 앞에 온전히 서야 합니다.

내 자리가 얼마나 중요한지 알아야 합니다.
하나님이 맡겨주신 자리이므로
감사하며 잘 감당해야 하는 것입니다.

■ 미혹의 영으로

우리는 하나님께서 무엇을 원하시는지
내게 주신 사명이 무엇이지 확실히 알아야 합니다.

마지막 때는 미혹의 영이 많다고 하였습니다(마24:11).
사단이 찾아오는 것은 당연한 것입니다.

하나님이 그들을 쓰시는 것이니 찾아오는 것입니다(삼상16:14).

그것이 미혹의 영들입니다.

그러면 나에게도 사단이 찾아오지 않겠습니까?
나에게 찾아왔다고 사단의 잘못입니까?
뱀이 찾아온 것이 잘못이 아니라 뱀을 이기지 못한 것이 잘못입니다.

귀신들이 돌아다니는 것이 죄가 아니라,
내가 그것을 이기지 못하는 것이 죄입니다.
우리는 하나님의 진리로 사단을 이겨야 합니다.

인간이 사단을 이기려 한다고 이길 수 있는 것이 아니라
진리로 이기는 것입니다.

사단이 붙으면 언제 어떤 일을 할 지 모릅니다.
그래서 우리는 확실한 영의 눈을 떠야 합니다.

지금 이 시대가 악하고 음란한 미혹의 영으로 인해
많은 가정에 금이 가고 있습니다.

가정에 미혹의 영들이 들어옴으로 인해
가정을 바르게 지키려고 노력하는 사람들이 무너져가고 있는 것입니다.

하나님은 우리가 삶 속에서도
당신의 나라를 드러내고 바른 신앙생활을 하기 원하십니다.
가정에서 바르지 않은 것은 신앙이라고 할 수 없습니다.

우리의 삶이 진정 윤택해야 합니다.
삶 속에서 항상 같이 하는 가족에게 먼저
하나님의 사랑이 스며들어야 합니다.

하나님의 영이 찾아가면
기쁨이 일어나게 되어 있습니다.

우리는 영적인 눈을 떠서
미혹의 영으로 인해 무너져가는 생명들과 가정들을 살리는 일에
하나님이 주신 사명을 잘 감당해야 합니다.

■ 부정한 일을 하지 말아야

부부간에 갈등이 많으면 가정에 금이 가게 됩니다.
각자의 마음을 다른 곳에 빼앗기기 때문입니다.

사람이 볼 때 이해되지 않는 일은
사람이 보지 않을 때도 하면 안 됩니다.
부부간에 절대로 해서는 안 될 부정은 반복하지 말아야 합니다.

예수님은 모든 것을 다 용서하신다지만
계속 반복된 일을 용서하시는 분이 아닙니다.
그런데 사람들이 그분을 잘못 알고 있으니 사단에게 속는 것입니다.

하나님은 반복되는 일을 계속하면 용서하시지 않습니다.
다시는 그 일을 하지 말라는 것입니다(요8:11).
다시 그 일을 하지 않을 때 용서하시는 것입니다.

우리는 상대를 살려야 하기 때문에
영의 눈을 떠야 합니다.

부부간에는 어떠한 경우라도
상대의 마음을 아프게 하는 부정된 일을 하지 말고,
서로 신뢰하고 사랑만 해야 합니다.

■ 가정 안의 사랑이 밖으로 나가

부부간의 사랑과
부모와 자식 간의 사랑과 이웃 간의 사랑은 다 다릅니다.

농사를 지을 때 쓰이는 비료의 종류가 용도에 따라 다르듯
같은 사랑이지만 종류가 다른 것입니다.

남편이 자식을 사랑하는 마음과 아내에게 하는 사랑은 같지 않습니다.
아내가 남편을 사랑하는 마음과
자식을 사랑하는 마음 또한 같지 않습니다.

부모의 내리 사랑은
끊임없이 부으면 부을수록 가정에 복이 옵니다.

부모가 자식을 사랑하는 그 마음은
하나님이 우리를 사랑하는 마음과 같습니다.
그래서 그 사랑은 밖에 쏟아도 복이 일어나는 사랑입니다.

그런데 부부의 사랑만큼은 밖에 쏟으면 화가 됩니다.
사랑의 눈동자를 밖으로 돌리면
상대가 알게 되므로 그 때부터 서로의 사랑에 금이 가는 것입니다.

부부간의 사랑이 밖으로 나가면
상대를 사랑하는 마음과 생각이 없어지고
그 자리에 사단이 주는 미움이 들어오게 됩니다.

그래서 부부간의 사랑을 밖으로 내어보내면 가정이 깨지는 것입니다.
가정에서 소리가 날 때는 이유가 있습니다.
그 사랑이 새어나갔기 때문에 소리가 나는 것입니다.

사랑을 쏟지 말아야 할 곳에 쏟기 때문입니다.
사단이 가장 좋아하는 자리가 그 자리입니다.
이 시대의 가정들이 깨지는 가장 큰 문제입니다.

그래서 가장 깨지기 쉬운 사랑도, 가장 무서운 사랑도 그 사랑입니다.
부부간의 사랑을 밖으로 나가 잘못 쏟으면
서로 죽이고 죽는 것입니다.

이것만 바로 알고 사랑하면 가정들이 무너질 일은 절대 없습니다.
자기 자리와 위치만 똑바로 지켜도
절대로 가정이 깨질 이유가 없는 것입니다.

우리는 내 안에서 그러한 사단의 영이 흐르지 않도록
어떠한 일이 있어도 하나님의 명령을 지켜야 합니다.

■ 사랑의 가치를 잃어버려

가정의 사랑이 어두워지기 시작하면
사랑의 소리가 아닌 미움의 소리가 나오게 됩니다.

미움의 소리는
상대의 마음을 아프게 해서 가정의 사랑을 무너뜨립니다.

그래서 미움의 소리를 몰아내고 사랑을 살려야 하는데
우리는 가정에서 사랑을 살릴 생각은 하지 않고
눈앞에 보이는 삶의 문제만 해결하려고 합니다.

부부가 처음에 만날 때는 사랑으로 시작을 하는데
삶의 문제가 틈을 타고 들어오면 사랑이 점점 약해져 갑니다.

그리고 그 문제 때문에 가정 속에서 사랑의 본질을 잃어버립니다.

삶 속에서 계속 문제가 생기면
사랑의 자리에 걱정, 근심, 염려가 밀고 들어오는 것입니다.

그 문제가 더 커지면 커질수록
시기, 질투, 원망을 하게 됩니다.

그러면서 사랑은 온대 간대 없이 사라지고
가정이 문제로 인해 살아가는 것입니다.

어떻게 하면 사랑을 유지하고 살까 하는 마음은 없어지고
어떻게 하면 이 괴로움에서 벗어날까 하는 마음만 가지고 살아갑니다.

사랑이 아무리 좀먹어도,
그 사랑을 다시 회복하려고 하지 않습니다.
그래서 밖의 문제를 통해 사랑이 다 좀먹어 가는 것입니다.

문제 때문에 소중한 사랑이 멀어지게 되고
사랑에 금이 가고 있어도 해결할 방법이 눈에 보이지 않습니다.
사랑이 깨지는 것보다 내 삶의 문제만 해결하면 된다는 것입니다.

칠 팔십 년을 살아가면서
진정 서로가 사랑을 주고 받으며 사는 기간은 매우 짧은데
우리가 사랑 관리를 너무나 못하고 있습니다.

사랑이 있어야 할 자리에 있지 않고
엉뚱한 데로 흘러버리기 때문에 문제가 일어나는 것입니다.

삶의 문제 속으로만 빠져 들어가면 사랑은 점점 무너집니다.

무너지는 줄도 모르게 무너지게 됩니다.
그 때부터는 사랑의 가치를 잃어버리는 것입니다.

그래서 부부라고 하지만
상대를 향한 사랑의 가치를 잃어버려 가정이 깨지게 되는 것입니다.

14장
가정 파괴는 사단이 하는 일
(Work that Satan Does to Destroy the Family)

■ 사랑이 하나 되지 않으면 사단에게 틈을 줘

가정이 시끄러울 때는
부모와 자식 간의 관계 보다, 부부 간의 관계에 문제가 더 많습니다.

자녀가 바른 생활을 하지 못하는 이유도 부부관계에 있습니다.
하나님 안에서 부부의 사랑이 하나 되지 않기 때문입니다.
세상의 가정도 말하지만, 믿음 안에 있는 가정을 말하는 것입니다.

남편은 아내를 사랑하고
아내는 남편에게 복종하라 하셨습니다(골3:18-19).

믿지 않는 남편이 교회에 가지 말라고 할 때,
그 말에 복종하라는 것이 아닙니다.
하나님 안에 있는 부부의 관계를 말씀하신 것입니다.

가정에 기쁨이 와야
온전한 신앙생활을 할 수 있기 때문입니다.

가정을 깨는 것은 사단입니다.
사단이 사람들 속에 들어가서 조종하는 것입니다.

남편 속에 들어가 아내를 사랑하지 못하게 하고
또 아내 속에 들어가서는 남편에게 복종하지 못하게 하면서
관계를 깨고 다니는 것입니다.

남편이 아내를 사랑하지 않고 아내가 남편에게 복종을 하지 않으면
사랑이 하나가 되지 않아 하나님의 영 줄기가 끊어져서 분리됩니다.
사랑이 하나 되지 않으면 사단에게 틈을 주는 것입니다.

이제는 우리가 그것에 속으면 안 됩니다.
남편의 영 줄기와 아내의 영 줄기가 한 영이 되어
하나님께 같이 올라가야 하나가 됩니다.

■ **자존심은 사단의 영이 움직여**

우리 속의 자존심은 사단의 영이 붙잡고 움직입니다.
자존심은 절대로 상대편에 서지 않고 항상 내 편입니다.

자존심은 상대보다는 나를 도와줍니다.
남편도 돕지 않고 내 속에서 낳은 자식도 돕지 않습니다.
자존심은 오직 나를 위해서 있는 것입니다.

그래서 자존심은 무슨 일이 일어나면
절대로 굴복하지 않고 버팁니다.
얼마나 단단한지 마치 여리고 성과 같아 깨지지 않습니다.

사단의 영이 많이 붙으면 붙을수록 자존심은 무너지지 않습니다.
하나님의 영은 '그만 끝내야지' 하는데도
인간 속의 자존심 때문에 되지 않습니다.

자존심은 그 어느 누구도 굴복시킬 수가 없습니다.
시간이 지나야 그나마 조금씩 잠잠해집니다.
그러나 언제 또 일어날 줄 모릅니다.

그래서 이제 사랑시대는 하나님께서 사단을 결박하심으로
자존심을 무너뜨리고 뿌리를 뽑으십니다.

■ 사랑의 양이 줄어들 때

우리에게 사랑만 있으면 가정은 평화입니다.
하나님이 사랑으로 지으셨기 때문에 사랑하고 사는 것입니다.

그런데 나도 모르게 사랑의 양이 줄어들 때는
사단이 들어온 것입니다.
사랑의 양이 줄어들면 기쁨도 줄어들게 됩니다.

하나님의 사랑은 하찮게 보여도 진짜이고
사단의 사랑은 아무리 커 보여도 가짜입니다.

내 속에서 사랑이 넘치게 나갈 때는
기쁨도 같이 커지게 됩니다.
사랑의 양이 커지니, 기쁨의 양도 커지는 것입니다.

그런데 똑같은 사람인데도
어느 순간에는 사랑이 나가지 않을 때가 있습니다.
그러면 넘치던 기쁨도 줄어들게 됩니다.

속에서 사랑이 나가지 않는 이유는 이미 사단이 들어온 것입니다.
사랑의 양을 줄이려고 내 속에 들어온 것입니다.

그런데 나는 그것이 나인 줄로 착각하고 있습니다.

심령 속에 기쁨의 양이 100%가 되어야 하는데 80% 밖에 되지 않으면
사단이 그 자리에 들어와서 기쁨과 사랑을 축소시키는 것입니다.
그러면 사랑이 나가지 않아 상대를 찌르게 됩니다.

그것은 누가 찌르는 것이겠습니까?
내 속에 20%의 틈을 타고 들어와서 80%를 먹으려는 사단이
축소시켜가는 것을 모르고 자기인 줄 알고 있는 것입니다.

사랑의 양이 줄어들 때
사단이 틈을 타고 들어오는 것입니다.

■ **세간살이를 엎어버리는 사단에게 속지 말아야**

사단은 세간살이를 늑탈하고 다 엎어버리는 일을 합니다.
세간살이를 엎어버린다는 것은
가족의 사랑의 관계를 끊어놓는 것을 말합니다.

우리는 세간살이를 엎어버린다고 하면 살림살이를 깨는 것을 상상합니다. 그런데 영적으로 우리 속의 감사, 기쁨, 평안을 비롯한 모든 관계를 깨고 파괴시키는 것을 말합니다.

가족 간의 관계에서 감사, 기쁨, 평안이 깨지고
시기, 질투, 원망, 불평이 나오는 것입니다.

세간살이를 엎어버리면
그 동안 마음 속을 아름답게 꾸미고 있던 것이 다 없어지는 것입니다.

자기 자리의 위치만 바로 지키면 문제 생길 일이 없는데
가정에서 한 사람만 벗어나도
그 가족 속에 있는 세간살이가 다 깨지게 됩니다.

「나」하나 잘못함으로 온 가족 속의 감사와 기쁨이 사라져버리면
사단이 그 집의 세간살이를 다 늑탈해 간 것이니,
그 얼마나 무서운 일입니까?

그래서 사랑시대는 하나님이 다시 가정을 회복하시는 것입니다.
다시 회복하시면 각자의 자리를 찾아 들어가게 됩니다.

이미 에덴에서부터 뱀이 아담과 하와의 가정을 파괴시켰습니다.
하나님과의 관계를 끊고
아담과 하와의 관계를 끊어버린 것입니다.

이제 에덴을 다시 찾을 때는
그분이 가정을 온전하게 회복하시는 것입니다.

하나님이 가정을 소중하게 여기시며 사랑하시니
가정을 에덴으로 바꾸어야 합니다.

우리는 세간살이를 엎어버리는 사단에게
더 이상 속지 말아야 합니다.

■ 사단은 가정을 부수는 일을 해

마지막 때 사단은 가정을 부수는 일을 합니다.
가정마다 시끄러운 소리가 나고 사랑에 금이 가서
온전한 가정들이 별로 없습니다.

상대를 돌아볼 수 있는 여유가 없어지고
가면 갈수록 마음이 좁아져 개인 위주가 되기 때문입니다.

이 시대가 지금 이렇게 흘러가고 있습니다.
그래서 마지막 끝에는 하나님이 사단을 멸하러 오십니다(요일3:8).
그분이 바꾸러 오시는 것입니다.

초림 때는 예수님이 예루살렘 성전에 들어가 엎으시면서 바꾸셨지만
(요2:15), 재림 때는 우리의 심령을 엎으시면서 바꾸십니다.

어둠의 세력들은
이러한 사실이 드러나는 것을 가장 싫어합니다.
그러나 귀신을 잡으려면 귀신의 처소로 들어가야 합니다.

그래야 마지막 때,
영의 가정도, 육의 가정도 다 살릴 수 있는 것입니다.

영적인 것을 우리가 알아야
가정을 부수는 사단을 잡을 수 있습니다.

이 시대의 가정들이 심각합니다.
겉에서는 웃고 있어도 심령 속에는 심각한 가정들이 너무나 많습니다.
그 속에 마귀들이 웅크리고 숨어있는 것입니다.

그들은 천사로 가장하고 옵니다.
겉은 천사 같아 보여도 속은 사단입니다.

육은 멀쩡해 보여도
속에서는 그러한 상황인 것을 우리는 알아야 합니다.
어디에 이상이 있는가를 알아야 가정을 바로 세울 수 있습니다.

우리는 사단의 처소가 어디인가를 알아야
하나님이 주신 사명을 감당할 수 있습니다.

그러기 위해서는 하늘의 지혜를 받아야 합니다.
사단은 우리의 생각, 정신, 마음을 잡고 움직이기 때문에
하나님의 진리로 무장해야 합니다.

그러면 가정을 부수는 일을 하는 사단을
몰아낼 수 있는 것입니다.

■ 사단은 사랑을 빼앗아

사단은 우리의 사랑을 말리려고 사랑을 빼앗아 갑니다.
사랑에 연결된 것이 돈입니다.
돈을 사랑함이 일만 악의 뿌리라고 하셨습니다(딤전6:10).

'악의 뿌리' 는
에덴에서 '하나님같이 되고 죽지 않는다' 는 뱀의 말입니다.
그래서 하나님이 그 악의 뿌리를 뽑으시려는 것입니다.

"너희가 그것을 먹는 날에는 너희 눈이 밝아 하나님과 같이 되어"
(창3:5). 그것이 땅의 사랑입니다.
하나님처럼 되는 줄 알았는데 돈 때문에 무너져 갑니다.

돈 때문에 사랑을 빼앗긴다는 것입니다.
돈은 먹는 것과 연결되어 있습니다.
에덴에서 먹는 것으로 인해 하나님의 사랑을 빼앗겼습니다.

그런데 지금 돈 때문에 사랑이 빠져나갑니다.

일만 악의 뿌리가 하나님처럼 된 것입니다.

이제 끝이 오면, 에덴으로 돌아가
하나님의 사랑을 무엇 때문에 잃어버렸는지 알아야
다시 찾을 수 있습니다.

이 시대가 돈 때문에
십자가의 사랑을 빼앗기고 있습니다.
사랑시대는 그 사랑을 회복하는 것입니다.

우리 속에서 사랑을 빼앗는 사단을 몰아내고
하나님의 사랑을 회복해야 그분의 빛이 드러나게 됩니다.
그러면 사랑시대 하나님의 뜻을 이루는 것입니다.

15장
행복과 사랑은 가까운데 있어
(Happiness and Love are at Close Places)

■ 가족에게 사랑이 흘러야

부모가 아이를 낳아 품에 안을 때는 사랑스런 마음으로만 가득합니다.
아이에게 희생을 다 쏟아도 오로지 사랑하는 마음밖에 없습니다.
그것이 사랑입니다.

엄마 품 속에서 젖을 먹는 아이를 보고 있으면
힘든 일로 인해 무거웠던 마음도 평안해집니다.

이와 같이 아이에게 흐르는 그러한 사랑이
가족 모두에게 흘러야 합니다.
가족 간에는 막힌 벽이 있으면 안 됩니다.

사랑이 흐르지 않고
마음이 답답하며 무거워 짐이 된다면 그것은 사랑이 아닙니다.

가족이 짐이 되면 되겠습니까?
가족을 보면, 밖에서 문제가 있어 무거웠던 마음도 가벼워져야 합니다.

부모가 그토록 희생하며 사랑을 쏟았던 자식들이
성장하면서 마음에 벽이 생기는 것은 사단에게 속기 때문입니다.

부모와 자식 간의 관계도,
하나님과 우리의 관계도 사단에게 속아 변질되어 가고 있는 것입니다.

다른 사람이야 보기 싫으면 보지 않으면 되겠지만, 가장 가까이 있는
가족은 보기 싫다고 한 집에서 보지 않고 살 수 있겠습니까?
매일같이 눈만 뜨면 봐야 하는 가족입니다.

이제 우리는 사단의 노리갯감이 되면 안 됩니다.
속지 말고 가족에게는 더 잘해야 합니다.

하나님이 우리를 가장 귀하게 여기시니
우리에게 붙여준 가족 또한 귀한 자들입니다.
귀하게 볼 수 있는 눈을 떠야 합니다.

가정이 사랑으로 온전하게 회복되도록
가족에게 하나님의 사랑이 흘러야 합니다.

■ **행복과 사랑은 가까운데 있어**

내 가정에 보기 싫은 사람이 있다면 어디에 가서 누구를 살리겠습니까? 내 안에서 가족에게 미움을 품고 어디에 가서 전도를 하겠습니까?
그것은 자신에게 속고 있는 것입니다.

우리가 남편이나 아내를 대할 때,
교회의 다른 권사님이나 집사님에게 대하는 식으로만 해도
진정 사랑이 차고 넘치는 행복한 가정이 될 수 있습니다.

너무 가까이 있다 보니
귀하게 보지 못하는 것입니다.

그래서 사랑이 식어지고 신뢰가 끊어져버립니다.

가정의 행복과 사랑은 가장 가까운데 있다고 말들은 잘 합니다.
그런데 우리는 가장 가까이 있는 행복을
늘 멀리서 찾으려 하고 있습니다.

내 안에 있는 것은 먹을 줄 모르고
밖에서만 취하려는 생활을 하고 있습니다.
그래서 심령 속에 허기를 느끼는 것입니다.

우리는 사랑을 누구에게 먼저 주어야 하는지 알아야 합니다.
이 시대의 많은 가정들이 그것을 제대로 알지 못하기 때문에
깨지고 있는 것입니다.

우리가 다른 어른들을 대하는 식으로
내 부모에게 대하면 칭찬받지 않을 수 없습니다.

부모에게도 항상 조심하고 공경하는 마음이 있을 때
빛으로 드러나는 것입니다.

하나님이 내 옆에 붙여주신 자들을
귀하게 여길 수 있는 마음으로 바꾸어야 합니다.

다른 사람에게는 말을 따뜻하게 하는데
내 가족에게는 함부로 말을 하는 습성을 다 바꾸어야 하는 것입니다.

전 세계의 수많은 사람들 가운데서
가족으로 묶여있다는 것은 기적 중의 기적입니다.
하나님께서 이렇게 많은 사람들 중에서
부부로 붙여주신 것이 기적입니다.

그래서 가정을 이루었으면 죽을 때까지 서로를 귀하게 여겨야 합니다.

하나님이 붙여주신 가족은 이유 없이 사랑만 해야 합니다.
가족이 얼마나 귀한 줄 알아야 하는데
귀한 줄을 모르면 깨지게 됩니다.

그래서 우리는 하나님의 은혜에 감사하며
가족을 사랑해야 합니다.

행복과 사랑은 가까운데 있습니다.
다른데서 찾으려 하지 말고 내 안에서, 내 가족에게서 찾아야 합니다.

■ 말씀의 생활화가 되어야

우리는 생활 속에서 각자의 자리를 잘 지키며
말씀에 동행할 때 아름다운 열매를 맺을 수 있습니다.

하나님의 법을 지켜
진리대로 순종하는 것만이 우리가 사는 길입니다.
말만 하고 행함이 없으면 법을 지키는 것이 아닙니다.

말씀의 생활화가 되지 않으면 행함의 열매가 없습니다.
그래서 말씀의 생활화가 되어야 합니다.

교회만 다니면 죽을 때 천국에 간다고 생각하여
생활 속에서는 내 마음대로 사는 사람들이 많이 있습니다.

그러나 말씀이 삶 속에서 나타나야
믿는 자의 본분을 다 하는 것입니다.

사랑시대는 성경을 통해 교훈을 배우는 것이 아니라,
하나님이 내 안에 말씀으로 임하셔서
그분과 함께 동행하는 것입니다.

하나님은 우리의 주인이시며, 우리는 그분의 종입니다.
좋은 주인의 소리를 귀담아 듣고 그 말에 따라 움직여야 합니다.

그런데 종이 주인의 말을 듣지 않고
제 멋대로 살면 주인의 기분이 좋을리가 없습니다.

주인이 지시하는 하루의 일과를 받고
그대로 준행해야 사명을 다하는 종입니다.

사랑시대는 하나님이 우리의 생활을 세밀하게 인도하십니다.
그래서 말씀의 생활화가 되어야 그분과 하나가 됩니다.

16장
사랑은 마르지 않는 생명수
(Love is Water of Life that Never Dries)

■ 사랑을 받지 못하면 주름 생겨

"이는 곧 물로 씻어 말씀으로 깨끗하게 하사 거룩하게 하시고
자기 앞에 영광스러운 교회로 세우사 티나 주름 잡힌 것이나
이런 것들이 없이 거룩하고 흠이 없게 하려 하심이라.

이와 같이 남편들도 자기 아내 사랑하기를 제 몸같이 할지니
자기 아내를 사랑하는 자는 자기를 사랑하는 것이라"(엡5:27-28).

하나님은 우리의 심령을
말씀으로 깨끗이 씻어 주름 잡힌 것이 없이 거룩하게 만드십니다.
이와 같이 남편들도 아내를 제 몸 같이 씻고 닦아 주어야 합니다.

가정에서 남편들이 아내를 씻고 닦아주는 것은
사랑해 주라는 것입니다.

아내들의 마음에 주름이 잡히는 이유는
사랑을 받지 못하기 때문입니다.

아내들은 사랑을 받기 위해서 태어났는데
사랑 받지 못하면 주름이 생깁니다.

하나님이 인류를 사랑하셔서 모든 주름을 펴 주신 것처럼
남편들도 그분의 사랑으로 아내들의 주름을 펴 주어야 합니다.

행복은 부부의 관계에서 오는 것인데
서로의 사랑이 깨지면 힘이 들게 됩니다.

가장 깊은 사랑은 그리스도의 사랑이지만,
인간의 첫 번째 사랑은 부부간의 사랑입니다.
그 속에서 주름 잡힘 없는 사랑을 해야 합니다.

진정한 행복이 어디서 오는지를 알아야 합니다.
정말로 행복한 여인은 남편의 사랑 때문입니다.
부부간의 사랑 속에서 아름답고 행복한 가정이 나오는 것입니다.

그래서 사랑시대는 가정을 회복하십니다.
하나님은 주름 잡힌 것을 알고 다 펴 주셨습니다.
말씀으로 거룩하게 씻어주시는 것이 주름을 펴 주시는 것입니다.

아내가 남편의 사랑을 받지 못하면 주름이 생기게 되므로
남편은 사랑으로 그 주름을 펴 주어야 할 책임이 있습니다.
그러면 남편의 자리가 귀한 자리입니다.

■ 사랑은 속에서 일어나야

땅의 사랑은 영원하지 않습니다.
나이를 먹어 사랑이 일어나지 않는 것은 그 사랑이 점점 말라가기 때문입니다.

문제가 있는 위기의 가정도 처음 시작은 사랑이었습니다.

그런데 살면서 문제로 인해 다툼이 많아지면서
사랑이 말라버린 것입니다.

사랑이 말라, 매일같이 얼굴을 맞대고 사는 가족 간에
미움과 다툼이 있으면 가정이 온전할 수 없고
그 속에서는 신앙도 온전할 수가 없습니다.

신앙이 온전하려면
가족이 사랑으로 하나 되어야 합니다.

서로가 사랑으로 안아주고 끌어주려면
먼저 하나님의 사랑이 내 안에 임해야 합니다.

사랑시대는 내 안에 하나님의 사랑이 돌면서
가정에까지 그 사랑이 흐르는 것입니다.

예전에는 나만 살면 되는 줄 알았지만
이제는 나도 살고 가정도 살아야 합니다.

심령의 가정도, 보이는 가정도 모두 회복되는 것이 사랑시대입니다.
이러한 회복의 역사는 하나님이 내 안에 오셔서
사랑이 속에서 일어나야 이루어지는 것입니다.

■ **사랑은 마르지 않는 생명수**

"세월을 아끼라 때가 악하니라"(엡5:16).
서로 사랑하기에도 짧은 세월을 아끼라는 것입니다.
세월을 아껴 사랑의 때를 놓치지 말아야 합니다.

사람은 내일 일을 모르는 것이니
지금 옆에 있을 때 잘 하라는 것입니다.
'내일 사랑해야지' 가 아니라 지금 사랑해야 합니다.

사랑은 아끼지 않고 쏟아도 없어지지 않습니다.
사랑은 줄 수록 더 생겨납니다.
사랑은 쏟을 수록 솟아나는 마르지 않는 생명수인 것입니다.

그런데 사랑을 주지 않고 인색하면 내 속이 마르게 됩니다.
사랑은 줄수록 마르지 않는 생명수가 되니,
사랑을 계속 내보내야 합니다.

세상에서도 사랑을 하면 예뻐진다고 합니다.
그러면 왜 예뻐지는 것입니까?

사랑을 하면 마음에 평안이 오기 때문에
그 평안함이 얼굴로 나타나는 것입니다.

남편에게 사랑받는 아내의 마음에 평안과 기쁨과 감사가 오지 않겠습니까? 그 사랑은 하나님 속에서 흐르는 사랑입니다.
그래서 사랑하기에도 짧은 세월을 아껴 지금 사랑하라는 것입니다.

'때가 악하다' 는 것은 사랑이 말라간다는 것이니
마르기 전에 사랑을 계속 공급해야 합니다.

사랑의 소리는 들으면 좋지 않습니까?
그것이 사랑의 열매입니다.

하나님은 가정에서, 아내는 남편에게서,
남편은 아내에게서 열매를 따야 합니다.

부모는 자식에게서, 자식은 부모에게서 열매를 따야 합니다.
그것이 하나님의 사랑입니다.

하나님의 사랑은 마르지 않는 생명수입니다.
세월을 아껴 그분의 사랑으로
서로에게서 많은 열매를 따야 하는 것입니다.

■ 우리에게 주신 모든 것이 복

사람들이 건강을 잃어버리면 건강이 복이었구나 하지만
건강할 때는 복인 줄 모릅니다.
하나님이 내게 주신 가족도 복인 줄 모르고 사는 것이 문제입니다.

가족이 나를 힘들게 한다고 그 가족이 없으면 힘이 날 것 같습니까?
힘들게 하는 가족들이 없어지면 삶이 더 힘들어지는 것입니다.

가족을 볼 수 없다면 더 힘들지 않겠습니까?
그래서 가족이 있는 그 자리를 복으로 여겨야 합니다.

마찬가지로 하나님이 나와 함께 하심이 복인 줄 알아야 합니다.
하나님을 멀리 있는 분으로 생각하지 말고
내 안에 살아서 역사하시는 분임을 깨달아야 합니다.

멀리 있는 복만 바라보지 말고
내게 주신 모든 것이 복인 줄 알아야 합니다.

내 안에 계신 그분을 복으로 알고 모든 것을 감사로 바꾸어야 하는데
모르기 때문에 삶이 항상 힘든 것입니다.

우리는 복을 사단에게 다 빼앗기고 있습니다.
사단에게 속고 있는 것입니다.

우리에게 주신 모든 것이 하나님의 복입니다.
우리의 육체가 있는 것, 머리의 두뇌가 돌아가는 것, 눈으로 보는 것, 코로 숨 쉬는 것, 입으로 말하는 것, 귀로 듣는 것이 얼마나 큰 복입니까!

손발을 움직여 음식을 먹는 것이 복이며
음식을 먹고 소화시키는 것 또한 복인 줄 알고
우리는 육의 모든 것을 하나님 앞에 감사해야 합니다.

하나님 앞에 불평할 것이 무엇이 있겠습니까?
우리에게 주신 모든 것이 복인 줄 알고
오직 감사만 해야 할 것입니다.

17장
하나님의 영으로 사단의 영을 이겨야
(We Must Overcome Satan's Spirit with God's Spirit)

■ **가문의 저주를 끊는 전쟁을 치루어야**

하나님은 가정을 귀하게 여기십니다.
그런데 하나님을 믿는 자와 믿지 않는 자가 부부가 되어 가정이 시끄러우면 신앙생활을 제대로 할 수가 없습니다.

그 신앙생활은 마치 분단된 우리나라의 남북한과 같습니다.
하늘의 사람과 땅의 사람이 섞여 사는 가정은 하나가 되지 않습니다.
항상 서로가 적대시하고 있는 것입니다.

그래서 어떤 방법으로든지 전쟁을 치르고 끝이 나야
하나를 이룰 수 있습니다.

남편이 무서워 예배시간에 제대로 참석도 못한다면 늘 끌려 다니게 됩니다. 그런 식으로 신앙생활을 하면 그 집안에 흐르는 저주를 평생 끊을 수 없습니다.

진리 앞에 순종하면서
한 번은 부닥쳐야 역사가 일어나는 것입니다.

요즘에는 믿는 자들이 핍박을 당하는 경우가 거의 없습니다.

교회들이 예배를 제대로 드리지 않기 때문입니다.

예배를 잘 드리고 신앙생활을 열심히 할 때 핍박이 일어나는데
일 주일에 한 번 주일에만 잠깐 참석하는데 무슨 핍박이 있겠습니까?
매일 남편의 비위를 맞추고 있는데 무슨 핍박이 일어나겠습니까?

하나님보다 남편을 더 무서워하고 있으니
삶이 항상 힘든 것입니다.
그래서 영적 전쟁을 한 번 겪어야 평화가 오게 됩니다.

하나님의 사랑은 희생입니다.
그분의 사랑으로 희생할 때 상대의 마음이 녹아지는 것입니다.

그러면 가문의 저주를 끊는 전쟁이 끝나고
상대가 진리 앞에 머리를 숙이게 됩니다.
그래야 가족도 살리고, 가정에도 평화가 오는 것입니다.

■ 하나님의 영으로 사단의 영을 이겨야

이 시대가 이기주의로 심각하게 흘러가고 있습니다.
상대를 먼저 사랑하기 보다는 자기 위주의 세상이 되어가고
가정을 지키려는 마음 자체가 없어지고 있습니다.

시대를 바르게 선도해야 할 방송 매체가
범죄하는 모습을 그대로 방영하기 때문에 문제가 심각합니다.

심지어 TV에서 나오는 드라마 조차도
타락하는 마음을 심어주는 말초적인 것을 선호하고 있어
사회가 정욕으로 가고 있는 것입니다.

지금 이 시대의 흐름이 얼마나 급속도로 악하게 변해 가는지를 알아야 합니다. 분별하는 영이 흐려져 분별력도 상실되고 있습니다.

분별력이 상실되면 마음에서 기쁨과 평안이 사라지게 되어
영성이 어두워지고 우둔해집니다.

영적인 세계를 보는 눈이 어두워지면
육의 것만 바라보게 되니 힘들어지는 것입니다.
처음에는 그것이 좋은 것 같지만 나중에는 심령이 무너져버립니다.

인간 속에 어둠의 영들이 들어와서 가정을 무너뜨리고 있습니다.
보이지 않는 그 더러운 영들이 얼마나 무서운 것인 줄 알아야 합니다.
지금은 그 영들이 교회까지 들어와 교회를 무너뜨리고 있습니다.

그래서 교회가 이 시대에 눈을 떠야 살리는 일을 할 수 있습니다.
영이 지배하는 시대이기 때문에 인간의 힘으로 할 수 없습니다.
혼탁한 영의 세계는 하나님의 힘으로만 바로 잡을 수 있는 것입니다.

"천사장 미가엘이 모세의 시체에 관하여 마귀와 다투어 변론할 때에
감히 비방하는 판결을 내리지 못하고
다만 말하되 주께서 너를 꾸짖으시기를 원하노라"(유1:9).

모세의 시체를 놓고 하나님의 영과 사단의 영이 서로 빼앗아가려는 것으로, 그분이 다시 오실 때 일어나는 일들입니다.

육의 목숨이 끊어진 시체가 아니라
마지막 때 사는 성도를 말한 것입니다.

하나님의 영은 우리에게 감사와 기쁨과 평안을 주지만
사단은 성도를 끌고 가서 그 안에 있는 감사와 기쁨과 평안을

빼앗으려는 것입니다.

그렇다면 우리가 하나님의 영에 붙잡혀 쓰임 받을 것인지,
사단에 붙잡혀 쓰임 받을 것인지 분별을 잘 해야 합니다.

한 가정에 부부와 자녀가 같이 살면서
아무도 희생하는 마음이 없어 그 가정이 깨진다면
그 가족들은 근심, 걱정, 염려로 다 어려움을 당하게 될 것입니다.

그들에게 있는 하늘의 감사와 기쁨과 평화가 사라지게 되는 것은
사단이 문제를 통해서 하늘의 것을 빼앗아 간 것입니다.

에덴에서 하나님이 먹지 말라고 하신 것을 먹음으로 불순종해
하늘의 것을 다 빼앗겼습니다.
그래서 하나님이 에덴 밖으로 내어쫓으신 것입니다.

아직까지 구원 받은 후사 속에 불순종의 영들이 흐르고 있으니
우리는 하나님의 영으로 사단의 영을 이겨야 합니다.

그래서 하나님의 진리 안에서 자유를 얻고
감사, 기쁨, 평안을 누려야 하는 것입니다.

■ 이 땅을 사랑으로 덮어야

인간은 사랑이 없으면 살지 못하지만
사랑을 가지면 모든 것이 해결됩니다.

그런데 말세가 되면 자기를 사랑하고 돈을 사랑하므로
상대를 향한 사랑이 말라버립니다.

사단이 문제를 통해 사랑을 빼앗기 때문에 마르는 것입니다.

이제 그분이 다시 오시면,
공중권세 잡은 자들이 땅으로 내어쫓깁니다(계12:9).
그들을 땅으로 내어쫓고 하늘에서는 천국 잔치가 열리는 것입니다.

속에서 사랑이 일어나는 자들은 잔치 자리에 올라가지만
사랑이 없으면 땅으로 가라앉아 버립니다.
그래서 땅에 거하는 자들에게는 「화」라고 하셨습니다(계8:13).

공중권세 잡은 자가
땅으로 내어쫓겨 사람들 속의 사랑을 빼앗는 것입니다.

사단에게 사랑을 빼앗기면 기쁨이 사라지게 됩니다.
그것은 사단과 입 맞추는 것입니다.

사단이 우리 안에 '오늘 간다' 며 연락하고 오는 것이 아닙니다.
소식도 없이 어느 순간 번개같이 들어오는 것입니다.
그래서 기쁨이 사라지는데 우리는 그것을 잘 모릅니다.

이제 하나님께서 사단을 쫓아내고
사랑하는 자들을 구름 속으로 끌어올리십니다(살전4:17).

예수님이 "내가 너희에게 이른 말은 영이요"(요6:63) 하셨으니,
그 구름은 보이는 구름을 말씀한 것이 아닙니다.

구름이 만져지지 않고 가벼운 것처럼,
사랑과 기쁨도 만져지지는 않지만 우리의 마음을 가볍게 합니다.

그러므로 구름 속은 그분의 사랑 속입니다.

이제 이 땅을 하나님의 사랑으로 덮어야
사단이 굴복하게 되는 것입니다.

■ 땅의 왕들을 다 죽여야

인간 속에 있는 체면과 자존심은 아주 무서운 것입니다.
그것은 절대로 상대에게 지지 않으려 하고 서로 원수가 되게 합니다.
그래서 부부간에는 체면과 자존심을 세우지 말아야 합니다.

내가 체면과 자존심을 세우지 않는다면
상대는 무너지게 되어 있습니다.
내 속에 그것이 없으면 상대방도 세우지 않습니다.

내 속에서 보이지 않으면 상대 속에서도 사라져버립니다.
내 속에 항상 있기 때문에 상대 또한 세우는 것입니다.

사랑시대는 서로의 체면과 자존심이 무너지게 됩니다.
하나님께서 가정들을 가장 행복하게 만들어주실 것입니다.
우리 가정에 그분이 들어오시면 감사해야 합니다.

이제는 내 가정에 좋은 일만, 웃는 일만 있어야 하지 않겠습니까?
내 가정이 가장 행복하고
복 받은 가정이라는 고백이 속에서 일어나야 합니다.

사랑시대는 하나님께서 체면과 자존심을 버리게 하고
사랑하게 만드십니다.

상대가 나에게 사랑한다는 소리를 하지 않으면,
내가 다가가서 먼저 사랑의 소리를 해야 합니다.

체면과 자존심은 내 안의 골리앗입니다.
그 골리앗이 한 번에 넘어가지 않으면, 넘어갈 때까지 몇 번이고
물맷돌을 던져 내 안의 원수를 무너뜨려야 합니다.

아브라함이 땅의 왕들을 다 죽일 때 멜기세덱이 축복했습니다.
내 가정에서 부부간에 막고 있는 체면과 자존심이 땅의 왕들입니다.

사랑으로 맺어지지 못하게 막고 있는 땅의 왕들을 죽여야
멜기세덱의 복이 임하는 것입니다.

chapter III

가정 회복
(Restoring the Family)

18장
상대를 대하는 마음의 자세
(Posture of Heart towards the Other Person)

[1] 마음으로 사랑이 나가야

■ 내 것이 가라앉아야

하나님은 사랑이시며,
그분은 당신의 것을 가장 좋아하십니다.

하나님의 것은 사랑입니다.
손에 잡히지 않고 만져지지 않지만
사랑 속에서 나오는 것은 기쁨과 평안입니다.

그분이 다시 오실 때
하나님의 자녀들을 구름 속으로 끌어올린다고 하셨습니다.

"주께서 호령과 천사장의 소리와 하나님의 나팔로 친히 하늘로 부터
강림하시리니 그리스도 안에서 죽은 자들이 먼저 일어나고

그 후에 우리 살아 남은 자들도 그들과 함께 구름 속으로 끌어 올려
공중에서 주를 영접하게 하시리니
그리하여 우리가 항상 주와 함께 있으리라" (살전4:16-17).

우리가 지금 어디로 끌어 올림을 받습니까?

하나님이 구름 속으로 끌어 올린다고 하신 것은
사랑 속으로 끌어 올리는 것입니다.

사랑이 온전히 임한 자리에는 기쁨이 있습니다.
사랑이 없는 자는 하나님과 상관이 없는 자입니다.

사랑이 없는 자는 기쁨이 나오지 않습니다. 구름이 없는 것입니다.
구름이 없는데 어디로 끌어올리겠습니까?
땅으로 가라앉아 버립니다.

땅에서 오는 기쁨과 사랑은 얼마 가지 않아 가라앉아 버립니다.
내 것은 가라앉아 버리지만 하나님의 것은 공중으로 올라갑니다.

하나님은 사랑이십니다.
사랑 속에서 나온 것이 구름이고 기쁨입니다.

기쁨이 사랑에서 솟아나올 때
땅을 벗어나 구름 속으로 날아갈듯한 마음이 됩니다.

하나님이 주신 것은 무게가 나가지 않으니
가벼워 공중으로 계속 올라가는 것입니다.

그런데 기쁨이 사라지고 근심이 오고 염려가 올 때는
마음이 무거워 가라앉습니다.
그래서 땅에 거하는 자에게 화가 있습니다.

심령이 천국이면 가라앉지 않고 기쁨으로 뜨게 됩니다.
그런데 내 안에 미움과 짜증이 나면
하나님의 사랑이 사라져 가라앉게 되는 것입니다.

하나님의 것은 떠오르고 내 것은 가라앉아야 하는데
속에서 계속 내 것이 떠오르려 합니다.

내 것은 가라앉고
하나님의 것이 떠올라야 나도 살고 상대도 살릴 수 있습니다.

그러므로 마음을 무겁게 하는 내 것이 가라앉아야
하나님의 것이 떠올라 평안한 것입니다.

■ 부정을 쏟지 말고 사랑이 나가야

부정된 마음은 나를 죽이고 상대까지도 죽이는 독입니다.
우리가 생활하면서 부정된 마음이 들어올 때 스스로 알 수 있습니다.
부정된 마음이 들어오면 괴롭고 힘들어집니다.

부정이 들어올 때는 상대가 보기 싫어지고
하나님께 예배도 제대로 드릴 수가 없습니다.
형식적으로 그 자리에 앉아있는 것입니다.

우리 속에서 하나님의 사랑이 빠져나가면 이처럼 무서운 것입니다.
우리가 늘 하나님 안에 있어야 부정이 들어오지 못합니다.

마지막 때는
죽음의 사자가 두루 삼킬 자를 찾아다니고 있습니다(벧전5:8).

우리가 영의 눈을 뜨고 보면 무서워서 보지 못합니다.
그들은 불순종의 영으로
부정을 쏟는 자에게 찾아 들어갑니다.

그래서 우리는 부정을 쏟지 말고 감사만 해야 합니다.
부정을 쏟으면 하나님의 영이 죽으므로,
우리 속에는 감사, 기쁨, 평화, 사랑만 있어야 합니다.

하나님의 사랑 앞에만 사단이 굴복합니다.
가정에서도 부정을 쏟지 말고 사랑이 나가야 합니다.

상대가 어떻게 해도
우리는 오직 감사, 사랑만 해야 상대가 녹아지는 것입니다.

■ 나로 인해 상대를 죽이지 말아야

사랑시대는 하나님이 가정으로 들어가십니다.
우리의 사랑은 마르지만
하나님의 사랑은 마르지 않고 내 안에 깊이 묻혀 있습니다.

이제 하나님께서 심령 속 깊이 묻혀있는 그 사랑을 끌어내십니다.
인간의 믿음이 변질되어, 보이는 것으로 인한 탐욕으로
생명들이 죽어가고 있습니다.

그래서 사랑시대 하나님이 보이는 것을 잡으시고
영육을 확실하게 만드십니다.

"만일 네 눈이 너를 범죄하게 하거든 빼어 내버리라"(마18:9) 하셨으니 우리 안에 못된 근성이 있다면 빨리 빼버려야 합니다.
하나님을 속일 생각하지 말고 가슴을 치며 버려야 합니다.

우리 안에 흐르는 악의 근성은 상대를 죽이는 것입니다.
나로 인해 상대를 죽이지 말아야 합니다.

하나님을 향하는 마음을 엉뚱한 곳에 돌리지 말고
진정 자신을 똑바로 지켜야 자신도 살고 상대도 살릴 수 있습니다.

사랑시대는 깊이 묻혀 있던 하나님의 사랑을 끌어내어
나도 살고 가정도 살리는 것입니다.

■ 마음으로 하는 사랑이 나가야

우리가 친구와 대화할 때는
단점을 보이지 않고 장점만 보이려고 조심을 합니다.

밖에서는 긴장하고 좋은 면만 보이려고 노력을 합니다.
집에서 나갈 때부터 철저한 준비를 하고 나갑니다.

밖에 나갈 때는 걸음걸이 하나도 조심합니다.
모든 면에서 긴장을 하는데 집에 들어올 때는 허리를 풀어 젖혀버립니다. 집에서는 긴장감을 풀어버리는 것입니다.

가족에게는 장점을 나타내려 생각하지 않고 그대로 말합니다.
그 때부터 단점을 드러내기 시작합니다.

밖에서 풀지 못했던 것을 가정에서 다 풀어놓습니다.
그래서 우리의 가정이 쓰레기통이 되어 악취가 나는 것입니다.

밖에 나갈 때는 예쁘게 단장하고 나가는데,
집에서는 어찌 신경을 쓰지 않는 것입니까?
육의 겉 모습 뿐 아니라 속의 마음 가짐을 말한 것입니다.

집 안에 손님이 오게 되면, 그 손님이 왕입니다.
그 때는 남편도, 아내도, 자식도 긴장을 합니다.

가족에게도 이렇게 긴장하면
가정을 아름답게 꾸밀 수 있지 않겠습니까?

이제 가정에서도 허리를 동여매고 긴장을 해야 합니다.
다른 사람을 대하는 것처럼 가족을 사랑해야 합니다.

우리가 무엇을 사고 장식하는 것을 잘 하듯, 사랑도 꾸며야 합니다.
가정에서 사랑을 잘 꾸미면 사랑의 향기가 진동하게 되는 것입니다.
가족을 가볍게 여기지 말고 사랑으로 대해야 합니다.

가족은 사랑의 대상입니다.
내 사랑에는 욕심이 있으니 하나님의 사랑으로 나가야 합니다.
가정에서 상대에게 마음으로 하는 사랑이 나가야 하는 것입니다.

[2] 하나님의 사랑으로 바꾸어야

■ 가정에서 대화를 많이 해야

나와 함께 있는 가족이 나를 보며 감사하고 기뻐해야 합니다.
그런데 나를 보면서 항상 힘들다고 하면 가정에 금이 갑니다.

가정에서 대화하지 않고 산다면 얼마나 메마른 것입니까?
가장 나쁜 사람은 함께 하는 사람과 대화하지 않는 자입니다.

옆의 사람이 말을 하는데
그 말에 관심 없이 입을 다물고 있으면 얼마나 답답하겠습니까?

상대가 말하지 않으면 내가 말을 붙여야 합니다.
그의 속에서 말을 끌어내면서 대화가 되어야 풀리는 것입니다.

집안에서 말이 없으면 완전히 지옥입니다.

입을 열면 시끄러우니 조용히 살자고 하는 것은
사단에게 속는 것입니다.

하나님의 사랑으로
가정을 아름답게 바꾸어가는 것이 우리의 사명입니다.

하나님께서 가정을 행복하게 만들라고 상대를 붙여주셨으면
그 일을 잘 감당해야 합니다.
서로가 사랑의 신호를 자주 보내면 부드러워집니다.

이제 선을 긋지 말고 사랑으로 다가가야 합니다.
가정에서 가족과 소통이 이루어져야 합니다.
대화를 많이 해야 합니다.

말하는 입장보다 받아주는 입장에 서야 합니다.
상대와 대화가 통하지 않는데,
믿지 않는 가족들에게 하나님을 전한다고 받아들이겠습니까?

우리의 행동에서 하나님의 사랑이 나오고
대화는 상대에게 맞추어야 합니다.
하나님의 사랑이 나올 때 그 마음이 녹게 됩니다.

■ 가정에서 각자의 수고와 인내가 있어야

우리 조상들을 보면 대단한 면이 많이 있습니다.
효와 정절을 지키는 여인들의 미(美)도 그러합니다.

그런데 우리가 보는 미와
하나님이 말씀하시는 미는 다릅니다.

우리가 생각하는 미는 보이는 아름다움인데
하나님의 미는 그분이 주신 자리를 생명 걸고 지키는 것입니다.
그 때 '너는 어찌 그리 아름답냐!' 고 하십니다.

우리의 조상들이 그렇게 지킨 것이 미입니다.
그것이 가문의 아름다움이고 영광이었습니다.
무슨 일이 있어도 효와 정절을 본분으로 알고 지켰습니다.

아무리 자기가 힘들어도 상대를 원망하지 않고 묵묵히 자리를 지켰습니다. 상대를 원망하는 것은 하나님도 기뻐하지 않는 일입니다.
원수 갚는 것은 오직 하나님께만 있습니다.

이제 사랑시대 하나님이
한국의 조상들에게서 보였던 그 아름다운 미를 찾으시려는 것입니다.
고통을 당하면서도 섬기며 그 사명을 감당했기 때문입니다.

그래서 대한민국이 복을 받은 것입니다.
기독교가 들어와서 복이지만
가정을 지키기 위한 그분들의 수고와 인내로 복을 받은 것입니다.

이 시대의 젊은이들이 그렇게 할 수 있겠습니까?
내가 조금이라도 힘든 일은 하지 않으려고 합니다.
상대에게 희생하지 않고 자기 위주입니다.

이 시대가 자기 위주로 살아가는 것은 질서가 무너지는 일입니다.
하나님은 질서 지키기를 원하시는 분입니다.
각자의 자기 위치를 지키는 것을 기뻐하십니다.

그러므로 하나님의 복을 받으려면
가정에서 각자의 수고와 인내가 있어야 합니다.

■ 상대를 맞추는 사랑을 해야

하나님께서 부부는 한 몸이라고 하셨습니다(엡5:31).
그러면 한 몸이 되기까지는 내 것이 없어져야 합니다.

언제 하나가 되겠습니까?
상대에게 나를 맞추라고 하면 절대로 하나가 될 수 없습니다.
내가 상대를 맞출 때 상대도 나를 맞추게 됩니다.
서로가 상대만 맞추면 하나가 되는 것입니다.

진정 사랑하는 사람은 나보다 상대를 아는 것입니다.
상대를 알면 그 사랑은 끝까지 유지됩니다.

바울은 자기를 맞추지 않았습니다.
그들을 살려야 되기 때문에 그들 속에 들어가서 같이 움직였습니다.
그렇게 해서 그들을 하나님 앞으로 끌어온 것입니다.

약한 자에게는 강한 척하지 않고
약한 모습으로 갔습니다(고전9:22).
약한 자를 살리기 위해서 그가 맞추어 간 것입니다.

바울도 복음을 증거하기 위해서 자신을 희생하며 상대를 맞추었는데
우리가 가정에서 이렇게 하지 못 한다면 진정한 사랑이 아닙니다.
하나님의 사랑을 알아야 합니다.

공동체는 나를 맞추는 것이 아니라 상대를 맞추는 것입니다.

우리는 하나님 중심이 되어야 합니다.
사랑시대는 하나님을 맞추어야 합니다.

그러면 내가 먼저 변화되어
하나님의 것이 내 속에서부터 넘쳐 가정으로 흘러야 합니다.
가장 가까운 가족이 나를 인정해야 하는 것입니다.

'남편이 얼마나 외로웠을까' 하며 맞추어주는 사랑이 나갈 때
그 마음이 녹아지게 됩니다.
그렇다면 사랑은 먹여주는 일입니다.

상대를 맞추는 것은
내가 먹는 것이 아니라 먹여주는 것입니다.

우스갯 소리로, 천국은 상대를 먹여주기만 하고
지옥은 자기만 먹는다고 합니다.

내 위치를 온전히 지켜서 상대에게 은혜를 받게 하는 것이
물질로 도와주는 것보다 큰 복입니다.
그래서 우리는 상대를 맞추는 사랑을 해야 합니다.

■ **하나님의 사랑으로 바꾸어야**

아내들이 얼굴을 아름답게 화장하며 가꾸고 있지만
누구에게 보이려는 것입니까?
남편에게 보이려고 하는 아내들이 거의 없습니다.

남편에게 보이려고 하면 집에 있을 때도 화장해야 하지 않겠습니까?
그런데 남편이 출근한 뒤에 화장하고,

남편이 퇴근하면 세수하고 있지 않습니까?

그러니까 말로는 남편을 위한다고 하지만
실제는 아닌 것입니다.

이제 사랑시대는
하나님의 사랑을 가지고 가정에서부터 실천해야 합니다.

밖에 나갈 때는 단장하고 나가면서
왜 가정에서는 단장하지 않는 것입니까?
말 한마디를 하더라도 섬기고 아름답게 다듬어야 합니다.

밖에서 다른 사람에게는
좋지 않은 말은 걸러내고 듣기 좋은 말을 합니다.
말 한마디를 해도 조심스럽게 생각하고 합니다.

그런데 가족에게는
좋은 말이든지, 나쁜 말이든지 무조건 하고 봅니다.
속에 있는 말을 상대의 생각도 하지 않고 무조건 쏟아버리는 것입니다.

가정에서도
다른 사람에게 하듯이 하면 모든 것이 달라지게 됩니다.

우리는 가정을 사랑으로 회복해야 합니다.
예수님이 오신 목적은
잃어버린 사랑을 다시 회복시키는 것입니다.

그 사랑을 회복하시기 위해 오셔서 당신의 물과 피를 다 쏟으셨습니다.
그러면 우리도 가정의 사랑을 회복하기 위해
예수님처럼 희생을 해야 합니다.

내가 희생한 만큼 그 사랑이 돌아오게 됩니다.
상대에게 짜증을 내면 좋은 것이 돌아오겠습니까?
그러나 사랑으로 최선을 다 하면 좋은 것으로 돌아오게 됩니다.

특히 남편들은 집에서 나갈 때 기분 좋게 나가고
퇴근을 하고 집에 돌아와서도 좋은 것을 받기 원합니다.

이제 가정이 아름답게 조화를 이루어야 합니다.
그런데 희생 없이 어찌 되겠습니까?
그래서 내 정욕적인 것을 버려야 합니다.

내 가정 속해서 행하는 악의 것들부터 빼야 합니다.
속의 가시 돋힌 것들을 빼야 하는 것입니다.

그 일을 내 사랑으로는 할 수가 없습니다.
우리의 사랑은 변질되기 때문에
모양이 나지 않고 능력이 없습니다.

그래서 하나님의 사랑으로 바꾸어야 합니디.
우리의 가정에 감사, 기쁨, 사랑, 평강이 일어나도록
그분의 사랑으로 바꾸어야 하는 것입니다.

19장
자신의 자리를 지켜야
(I Must Guard My Place)

■ **자신의 자리를 지켜야**

"주께서 범사에 네게 총명을 주시리라"(딤후2:7).
하나님께서 총명을 주신 것은
하늘의 것과 땅의 것을 분별하라는 것입니다.

먼저 우리는 자신을 잘 분별하여
하나님의 뜻대로 살아가야 합니다.
자신을 분별하지 못하면 미련한 자가 됩니다.

이스라엘 백성들이 광야에서 하나님의 말씀으로
가나안과 애굽의 것을 바로 분별하지 못한 것입니다.

하나님의 말씀을 가지고
내 자신을 바로 분별할 줄 알아야 합니다.

우리는 하나님의 사랑을 받는 자녀입니다.
하나님의 관리를 받는 자들입니다.

그러면 하나님이 주신 총명으로 기본적인 것부터 잘 분별하여
말씀을 지켜야 합니다.

먼저는 우리의 생활이 깨끗해야 합니다.

영, 혼, 육을 지켜
흠도 점도 티도 없이 가야 합니다(살전5:23).

마지막 때는 사단이 가장 발악하는 때입니다.
그 속에서 살아남으려면 진리대로 깨끗하게 살아야 합니다.
깨끗하게 남은 자가 하나님의 사람입니다.

내 몸과 마음도 지키지 못한 자가 무슨 믿음의 사람이겠습니까?
우리는 하나님의 거룩을 회복해야 하기 때문에
진리대로 살아야 합니다.

진리를 교훈적으로만 알 때와는 달리
이제 영육을 온전케 하는 사랑시대는 우리의 심령과 삶을 꿰뚫어
보시는 하나님 앞에 부끄러움이 없어야 합니다.

하나님은 이스라엘 지파 중에서도 레위 지파를 정금같이 단련시켰습니다. 그들을 당신 곁에 두기 위해 깨끗하게 만드신 것입니다.
그래서 그분은 나를 살리기 위해 악을 치시는 것입니다.

우리는 자신의 자리를 잘 지켜야 하고, 눈을 똑바로 떠야 합니다.
노력도 없이 어떻게 하나님 앞에 인정 받을 수 있겠습니까?
하나님이 주신 총명으로 잘 분별하여 내 자리와 위치를 지켜야 합니다.

우리가 생명을 살리는 일에 쓰임 받으려면
하늘의 것을 온전히 알아야 합니다.
그래서 하나님의 법대로 가야 하는 것입니다.

우리에게 붙여주신 자들을 귀하게 여길 수 있어야 합니다.

하나님의 사랑으로 품을 수 있어야 합니다.

나의 할 일이 무엇인가를 알아야 하고
하나님이 명령하신 일에서 벗어나면 안 됩니다.

그분을 벗어난 생활을 하면
총명이 흐려져 사단이 틈을 타고 들어옵니다.

이 시대의 많은 가정들이 깨지고 있는 것은
사단이 틈을 타고 들어온 것입니다.

하나님께서 부부로 짝지어 주셨으니
믿을 수 있도록 서로가 자기의 자리를 잘 지켜야 합니다.
혼자만 노력한다고 되는 것이 아닙니다.

하나님이 주신 총명으로 서로가 노력할 때
가정에 평화가 오고 천국을 이루는 것입니다.

■ 맡겨준 자기의 위치를 지켜야

가정에는 각자에게 맡겨진 자기의 자리가 있습니다.
남편은 남편의 자리, 아내는 아내의 자리, 자녀는 자녀의 자리가 있는 것입니다.

그런데 그 자리를 벗어나게 되면 문제가 생깁니다.
자기의 자리를 벗어나는 순간부터
가정에 금이 가고 힘들어지게 됩니다.

가정에서 한 사람만 자기의 자리를 벗어나도

가족들 모두 다 힘들어집니다.
그것은 사단의 영들이 활동하는 것인데 사람들이 속고 있는 것입니다.

그래서 「나」하나가 얼마나 중요한지를 알아야 합니다.
나 하나가 자리를 바로 지키지 못하면 그 주위가 다 시끄러워집니다.

우리는 자기의 위치를 바로 지켜야 합니다.
가정에서 각자가 자기의 자리만 온전히 잘 지키면
아무 문제 없이 평안하게 살 수 있습니다.

각자가 해야 될 일이 무엇인가를 알고 지키는 가정은
무너질 리가 없습니다.

그런데 그 중에 한 사람이라도 자기 자리를 지키지 않으면
가정에 틈이 벌어지기 시작합니다.
그 틈을 통해 사단이 들어오는 것입니다.

에덴에서부터 남녀의 관계에
뱀이 틈을 타고 들어와 죄를 짓게 되었습니다.
그래서 틈을 주면 안 되는 것입니다.

하나님이 명령하시면 지켜야 합니다.
지키지 않을 때 죄가 들어오는 것입니다.
그래서 죄가 죄를 낳게 되고, 사단의 활동이 왕성해지는 것입니다.

우리가 사단에게 붙잡히지 않고 생명 살리는 일에 쓰임 받으려면
자기 자리를 확실하게 지켜야 합니다.

자기 자리의 위치를 잘 지키면 다른 사람의 눈에도 좋아 보입니다.
그런데 엉뚱한 길로 가면 자신도 힘들고, 주위도 다 힘들어지는 것입

니다. 문제가 심각해지는 것입니다.

요셉은 보디발의 아내가 유혹을 했어도
그 유혹에 넘어가지 않았습니다.
아무도 보는 사람이 없었지만 자기 자리를 확실히 지켰습니다.

비록 누명을 뒤집어쓰고 감옥에 갔지만(창39:12-20),
결국 총리의 자리까지 갔습니다.

지금 이 시대가 그러한 믿음을 찾아볼 수 없어 혼탁한 것입니다.
입술로 말만 한다고 믿음이 아닙니다.
진정으로 심령이 바뀌어야 합니다.

자기 위치부터 온전히 지켜야 합니다.
자신의 위치를 지키지 않으면 문제가 생깁니다.
이제는 사단에게 속지 말아야 합니다.

그래서 우리는 진리를 지키고
자신에게 주어진 가정을 제대로 지켜야 합니다.
나 자신을 지킬 때 서로가 신뢰할 수 있는 것입니다.

지키지 않아 불순종의 영이 들어오면 믿음이 끊어져버립니다.
그러면 하나님과의 관계도 끊어지게 됩니다.

우리는 하나님이 인정하고 신뢰할 수 있는 믿음이 되어야 합니다.
그분은 우리에게 바라시는 양이 있기 때문에 그것을 채워야 합니다.

그래서 하나님의 자녀들은
모든 생활에서 자신의 위치를 잘 지켜야 하는 것입니다.

■ 안방의 사랑을 지켜야

가정에서 부부간에 각자의 자리를 지키는 것이 가장 중요합니다.
자리를 지키는 것은 사랑을 지키는 것입니다.
지키지 못하면 사랑이 깨집니다.

그 사랑은 안방에 들어있는 사랑입니다.
안방은 가정의 중심이며 가장 귀한 자리입니다.
그 귀한 자리를 누구에게 빼앗기면 되겠습니까?

그 자리를 지키지 못하면 가정에 금이 가기 시작합니다.
중앙에 금이 가는 것입니다.

가정에서 안방의 사랑이 깨지면 수습하기 어렵게 됩니다.
안방의 사랑을 지키지 못해 깨질 때는
수습하기 힘든 것입니다.

영적인 것도 마찬가지입니다.
하나님을 향한 믿음이 중앙에 금이 가면 회복하기가 힘이 듭니다.
우리의 믿음의 중앙이 깨져버리면 끝입니다.

가정에서 책임지고 지켜야 할 사랑은 부부간의 사랑입니다.
가정에 자녀를 통해서 문제가 생기는 것도
부부간의 사랑에 문제가 있는 것입니다.

그래서 가정의 중심인 안방이 중요합니다.
우리가 사단에게 속아
안방의 사랑을 아무데나 쏟아버리면 어떻게 되겠습니까?

안방의 사랑을 빼앗겨 깨진 가정들이 많아지고 있습니다.

그로 인해 수많은 자식들이 고통을 당하고 있습니다.

안방의 사랑을 빼앗기면 그 가정은 끝이 난 것입니다.
또한 이 시대에 영적인 안방을 빼앗긴 자들이
너무나 많다는 것도 알아야 합니다.

영적인 안방을 빼앗기는 것은
하나님과의 사이에 사단이 틈을 타고 들어온 것입니다.

안방의 사랑을 빼앗기고 사는 그 자리는
당연히 기쁨이 있을 수 없습니다.
그 때부터는 사랑이 없습니다.

사랑을 밖에 쏟아버렸으니
내 안에 즐거움이 있을 수 없는 것입니다.

부부간에 해야 할 사랑을 밖에 쏟아버렸기 때문에
가까운 자에게 사랑을 줄 수 없습니다.
사랑이 밖으로 새어나간 것입니다.

내 안에서 사랑이 나오지 않으면 이미 빠져나가
문제가 생긴 것입니다.

그래서 우리는 안방의 사랑을 지켜야
평안을 누릴 수 있으며 가정을 지킬 수 있는 것입니다.

■ 믿음의 정절을 바로 지켜야

성경에 하나님의 언약을 받은 자들은 끝까지 하나님에 대한 믿음의 정절을 지켜 영원한 세계에 들어갔습니다.

하나님이 '내가 나를 두고 맹세한다' (사45:23)는 말씀은
당신이 선포한 언약을 지키겠다는 뜻입니다.

하나님께서 우리에게 언약한 사랑이 있습니다.
우리를 살리신 예수 그리스도의 십자가의 사랑입니다.
내 속의 그 사랑이 새어나가지 않도록 믿음의 정절을 지켜야 합니다.

그 사랑은 쏟을수록 좋은 것입니다.
그러나 내 안에 그 사랑이 바로 서지 못하면
사단에게 잡혀 심령이 죽게 됩니다.

부부의 사랑은 둘이 될 수 없듯이
하나님의 생명의 줄기는 하나입니다.

하나님의 언약은 하나입니다.
나눌 수가 없는 것입니다.

그래시 믿음의 정절을 지켜야 하나가 됩니다.
믿음의 정절은 한 사람만 지키는 것이 아니라
같이 지켜야 하는 것입니다.

사랑을 쏟지 말아야 할 곳에 쏟아버리면
사단의 밥이 되는 것이니 헛점을 보이지 말아야 합니다.

그러므로 믿음도 지켜야 하고 가정도 지켜야 합니다.
각자가 믿음의 정절을 바로 지켜야
가정이 사랑으로 든든하게 세워져가는 것입니다.

20장
가족과의 관계가 형통해야
(Relationship within the Family Must be Good)

[1] 가정의 질서가 세워져야

■ 상대에게 인격을 갖추어야

사람들이 밖에서는 상대에게 인격을 갖추지만
가정에 들어와서는 갖추지 않기 때문에 사랑이 무너져버립니다.

신혼일 때는 상대에게 인격을 갖추는데
아이가 태어나고 세월이 가면
서로에 대한 인격이 무뎌지고 변질되어 버립니다.

밖에서도 인격을 지켜야 하지만, 가정에서도 지켜야
그 가정이 온전하게 유지될 수 있는 것입니다.
각자의 위치가 무너지면 다 무너져버립니다.

그래서 사랑시대는 하나님이 가정으로 들어가십니다.
가정의 핵심은 사랑입니다.
핵심이 무너져버리면 다 무너지는 것입니다.

가정의 사랑을 살리기 위해서는 인격을 갖추어야 합니다.
사랑은 드러나야 하는데,

인격이 무너지면 사랑이 묻혀버리게 됩니다.

우리는 묻혀버린 사랑을 끌어내기 위해
상대에게 인격을 갖추고 자기의 위치를 제대로 지켜야 하는 것입니다.

■ 가정의 질서가 세워져야

자녀는 자녀로서 부모를 공경해야 하고
아내는 남편에게 복종하기를 주께 하듯 하며(엡5:22)
남편은 아내 사랑하기를 자기 자신과 같이 해야 합니다(엡5:28).

그분이 다시 오시면
모든 것이 투명하게 드러나고 가정의 질서를 바로 세우십니다.

하나님은 질서를 무너뜨리러 오시는 것이 아니라
심령 속의 죄악을 무너뜨리러 오시는 것입니다(요일3:8).
그래서 가정에서 질서가 무너지면 안 됩니다.

자녀가 부모 알기를 우습게 알면
그 가정은 이미 망해 가고 있는 것입니다.
사단이 박수 칠 일입니다.

자녀는 부모를 공경할 때 기쁜 것입니다.
부모에게 함부로 하는 자녀는 그 마음에 기쁨이 사라지고
그런 자녀는 길이 열리지 않습니다.

가정에 질서가 없고 어른이 없다면 어떻게 되겠습니까?
어른이 있는 집의 자녀와 없는 집의 자녀는 다릅니다.

하나님을 공경하고, 내 부모를 공경해야 합니다(엡6:2).
그것은 하나님의 명령이며 질서입니다.

남편의 자리는 아내가 지켜주고,
아내의 자리는 남편이 지켜주어야 합니다.
그러면 자기도 모르는 사이에 인격이 높아지게 됩니다.

그래서 되는대로 함부로 살면 안 되고
생활 속에서도 지킬 것은 지켜야 합니다.

남편은 아내를 사랑으로 지켜주어야 하고
아내는 남편에게 복종함으로 그 자리를 지켜주어야 합니다.

이제 그분이 우리의 가정을 온전하게 세우기 위해 다시 오십니다.
가정은 하나님을 중심으로 질서가 세워져야
기쁘고 평안한 것입니다.

■ 부모는 자녀를 위해 희생

하나님의 집은 생명을 생산하는 공장입니다.
부모는 아이를 잉태하면서부터 희생만 합니다.
엄마의 뱃속에 아이를 열 달 동안 담고 있는 것은 희생입니다.

때로는 힘이 들고 무거워도 떼어버릴 수 없습니다.
고통스럽고 어려워도 부모는 희생하는 것입니다.

그렇게 희생해서 아이가 태어나면
또 아이에게 사랑을 다 쏟아 붓습니다.
부모의 모든 마음과 정신이 아이에게 가는 것입니다.

희생하면서도 기쁜 것은
자녀를 기르는 것도 다 하나님의 일이기 때문입니다.

부모는 자녀를 위해 희생하면서
하나님의 생명을 성장시키는 것입니다.

■ 하나님과 부모를 공경하는 마음이 있어야

하나님과 부모를 공경하는 가정은 축복의 통로가 막히지 않습니다.
그런 가정은 하나님이 책임지십니다.
하나님과 부모는 연결되어 있습니다.

지혜로운 사람은 하나님과 부모를 어떻게 하면 기쁘게 할까를 생각하고, 지혜가 없는 사람은 내 자식이 어떻게 하면 좋아할까를 생각합니다.
자식이 우상이 되어 하나님보다 더 섬기는 것입니다.

그래서 자식에게 심은 것이 없으면 돌아올 것이 없어
부모들의 마음이 가면 갈수록 무겁기만 한 것입니다.

믿는 자라고 해도
어떻게 하면 하나님과 부모를 기쁘시게 할까하는 마음보다
자식에게로 마음이 가니 돌아오는 것이 없는 것입니다.

이 시대가 부모에게 효(孝)를 하는 것보다
자식을 더 위하는 시대가 되었습니다.
계속해서 나쁜 물이 대(代)를 타고 흐르고 있습니다.

그런데 하나님과 부모를 먼저 공경하는 마음을 가지면
복의 물이 자녀에게 흐르게 되는 것입니다.

자녀들이 하나님과 부모를 공경하는 것을 보면서 성장하면
그대로 따라 하지 않겠습니까?

그러므로 우리가 먼저 하나님과 부모를 공경하는 마음이 있어야
축복의 통로가 열리는 것입니다.

[2] 각자의 자리를 지켜야

■ 남편은 아내를 자기 자신과 같이 사랑해야

"남편들도 자기 아내 사랑하기를 자기 자신과 같이 할지니
자기 아내를 사랑하는 자는 자기를 사랑하는 것이라"(엡5:28).

예수님은 우리를 당신의 몸처럼 사랑했기 때문에
십자가 상에서 물과 피를 다 쏟은 것입니다.

우리가 예수님의 그러한 사랑을 받은 것처럼
아내가 남편에게 그러한 사랑을 받는다면 어떻게 하겠습니까?

그런데 아내를 사랑하지 못하는 남편은
하늘의 은혜가 없어 마음이 메마릅니다.

입으로 아무리 달콤한 소리를 해도
마음에서 사랑이 나오지 않으면 은혜가 오지 않습니다.

부부간에 대화하는 속에서 은혜가 있는지 없는지
그 속이 말랐는지 풍부한지 알 수 있는 것입니다.

하나님의 사랑은 마음에서 나오는 것이므로

마음으로 하지 않으면 사랑이 아닙니다.

남편이 아내를 자기 자신과 같이 사랑할 때
그 가정에 진정한 하늘의 평강이 임하는 것입니다.

■ 아내는 남편에게 복종해야

"아내들이여 자기 남편에게 복종하기를 주께 하듯 하라
이는 남편이 아내의 머리 됨이 그리스도께서 교회의 머리 됨과
같음이니 그가 바로 몸의 구주시니라"(엡5:22-23).

하나님께서는 아내에게 남편을 가정의 머리로 붙여주셨습니다.
머리는 왕입니다.
그러므로 남편은 가정의 왕입니다.

하나님 안에 있는 가정을 말한 것입니다.
믿지 않는 남편이 교회에 가지 말라고 하면 복종하라는 것이 아닙니다. 아내들이 남편에게 주께 하듯 복종하라는 것입니다.

복종은 종이 되라는 것입니다.
그런데 '너도 사람이고 나도 사람인데' 하는 마음이 들어서
내 힘으로는 할 수가 없습니다.

내 안에 하나님의 십자가 사랑이 있을 때
가능한 것입니다.

아내는 남편을 온전히 섬겨야 합니다.
온전히 섬기면 손해를 보는 것 같지만 기쁨이 오게 됩니다.

남편을 우습게 보면
아내의 마음에 하늘의 기쁨과 평강이 오지 않습니다.
남편을 공경하는 마음이 식어버린 아내는 행복할 수가 없습니다.

그것은 섬김을 받지 못하는 남편의 불행이 아니라
섬기지 못하는 아내의 불행입니다.
그 가정에는 하나님께서 은혜를 내리지 않습니다.

가정에서 섬김이 사라지면
하나님께서 하늘의 은혜를 닫아 버립니다.

가정에서 아내들이 남편에게 복종이 안 될 때는
보이지 않게 금이 가게 됩니다.

그러므로 아내가 남편에게 주께 하듯 복종할 때
가정에 평안이 임하게 되는 것입니다.

■ 생명을 다 해 부모를 공경해야

"자녀들아 주 안에서 너희 부모에게 순종하라
이것이 옳으니라" (엡6:1).

예수님이 하나님 앞에 순종하신 것처럼
우리도 이렇게 순종해야 합니다.
예수님은 우리의 본이십니다.

부모의 마음에 못을 박는 것은 자식의 도리가 아닙니다.
자식이 부모의 마음을 서운하게 하거나 아프게 하면 안 됩니다.
이것은 큰 화입니다.

자식에게 복이 가지 않습니다.
부모가 자식에 대해 섭섭함을 품게 되면 그 속에서 움직이는 악한 영이 자식 속으로 들어가기 때문에 좋지 않은 것입니다.

부모가 어떠하든지 자식은 효(孝)를 해야
하나님의 법을 지키는 것입니다.
하나님의 자녀가 되려면 부모부터 공경해야 합니다.

부모가 잘못했을 때 다른 사람은 정죄해도 나는 부모를 공경해야 합니다. 아버지의 명령이기 때문입니다.
하나님을 믿는 자와 믿지 않는 자의 차이점이 무엇이겠습니까?

지금 이 시대가 혼탁해지는 가장 큰 이유는
하나님과 부모를 공경하지 않기 때문입니다.

하나님에 대한 공경이 온전치 않으니
부모에게도 공경이 온전치 않아 질서가 무너져가는 것입니다.

십계명의 하늘의 법은 하나님 공경이고, 땅의 법은 부모 공경입니다.
이것은 약속이 있는 첫 계명입니다(엡6:2).
계명은 명령이기 때문에 지켜야 합니다.

부모가 잘하든 못하든 그것은 내 몫이 아니라 하나님의 몫입니다.
나는 내가 할 일을 해야 합니다.

부모가 잘하면 잘하고
부모가 잘못한다고 우습게 여기는 사람은 하나님의 사람이 아닙니다.

자식이 아무리 부모를 공경한들 부모가 자식에게 한 만큼 되겠습니까?
어림도 없는 일이기에 생명을 다해 부모를 공경해야 합니다.

땅에서 잘 되려면 부모에게 잘해야 합니다.

부모의 마음에 한(恨)을 심어놓은 자들은 그 자손이 복을 받을 수 없습니다. 한을 심었다면, 빨리 회개해서 풀어야 합니다.
풀지 않으면 매사에 되는 일이 없습니다.

부모의 마음을 아프게 하면 절대 안 됩니다.
부모와 막히면 땅의 것이 막힙니다.
그러면 하나님과의 관계가 막혀 하늘의 것도 막힙니다.

하나님과 부모와 막히면
하늘과 땅이 다 막히게 되는 것입니다.
그러면 기쁨과 평안이 사라져 힘들고 외로워집니다.

사랑시대에는 영육으로 부모와 자식간의 관계가 회복되는 때입니다.
그것이 에덴이 회복되는 것이고
하나님께 열매를 드리는 삶입니다.

그러므로 하나님이 그 열매를 드실 수 있도록
생명을 다 해 부모를 공경해야 합니다.

■ 자녀는 부모에게 순종해야

자녀는 주 안에서 부모에게 순종해야 합니다.
하나님의 명령은 지켰을 때 은혜가 내립니다.

그러면 부모를 공경하고 순종할 때
자녀 속에 은혜가 내려오는 것입니다.

부모가 힘들어지고 속상할 때는
자녀가 하나님의 명령을 지키지 않을 때입니다.
육은 하나님의 말씀과 연결되어 있기 때문입니다.

부모가 도둑질을 하고 사기를 쳤어도 나에게는 부모입니다.
다른 사람이 다 손가락질을 한다 해도 부모인 것입니다.
부모이기 때문에 순종해야 합니다.

그것이 하나님의 나라를 이 땅에서 이루어가는 것입니다.
하나님의 명령을 지키지도 않는데 은혜가 내리겠습니까?
지킬 때 하나님의 것이 내려오는 것입니다.

자녀들이 힘들 때는 부모와 연결되어 있습니다.
자녀가 부모의 말에 순종하지 않을 때 힘든 것입니다.
하나님이 은혜를 내리지 않으니 심령이 마르는 것입니다.

그런데 부모의 말에 순종을 잘하는 자녀는 은혜가 넘칩니다.
하나님이 계속 은혜를 내리십니다.

이렇게 우리가 복 받을 수 있는 길이 있는데도 복을 놓칩니다.
복 받을 수 있는 기회는 놓치지 말고 취해야 합니다.
내가 소유해서 담아야 복이 되는 것입니다.

인간으로 태어나 가장 기쁘게 웃으며 사는 때는 젊은 때입니다.
그런데 이 시대의 젊은이들에게서 웃음이 사라져가고 있습니다.
그 이유는 순종이 사라지기 때문입니다.

순종 되지 않아서
하늘의 기쁨이 오지 않는 것입니다.

자녀에게 최고의 복은 하나님과 하나 되고,
부모와 하나 되는 것입니다.
하나님은 자녀에게 복을 주기 위해 부모와 연결시킵니다.

그래서 하나님과 부모에게 순종하는 자녀는
하늘이 열려서 은혜가 계속 쏟아집니다.
하늘의 복이 내리는 것입니다.

그러므로 자녀는 부모에게 순종해야
강같이 흐르는 은혜와 복을 받게 되는 것입니다.

21장
가정에서 내가 희생해야
(In the Family, I Must Sacrifice)

[1] 희생을 짐으로 알면 고생

■ 사랑에는 희생이 따라

사랑한다고 말은 잘 하는데
상대를 위해서 희생하는 것은 싫다고 한다면 그것은 사랑이 아닙니다.

사랑에는 희생이 따릅니다.
그 희생이 사랑으로 빛이 나게 되는 것입니다.

밖에서는 희생을 잘 하는데
집에 들어와서는 희생을 하기 싫어하니 사랑이 무너지는 것입니다.
희생할 때 사랑을 받을 수 있습니다.

교회 안에서도 내 몸을 아끼지 않고 희생하는 자들을 볼 때
사랑이 갑니다. 그것이 희생의 댓가이고 사랑입니다.
그러면 사랑은 나의 피와 땀입니다

사랑에는 빛이 나고,
사랑은 가는 곳마다 아름답습니다.

내가 움직이고 희생하는 것이 사랑입니다.

그 희생으로 인해서 상대를 살리면 기쁨이 옵니다.

아이는 태어나 자라 가면서 사랑을 먹고 삽니다.
사랑을 먹고 산다는 것은 희생을 먹고 사는 것입니다.
그 희생을 먹고 산 자가 희생을 하게 됩니다.

결국 인간은 희생하기 위해 태어난 것입니다.
희생할 때 하늘의 기쁨이 오게 됩니다.

하나님의 것은
그 자리에서 기쁨으로 거두게 하십니다.

우리의 몸 속에 흐르는 것은 다 희생과 사랑입니다.
내가 희생할 때 상대에게 사랑을 공급해 주는 것이고
그 댓가로 기쁨을 얻는 것입니다.

사랑에는 희생이 따릅니다.
그러므로 가정에서 사랑을 알고 한다면
더 빛이 나게 될 것입니다.

이제 사랑시대는 희생하지 못했던 자들이 희생하게 되고
사랑을 몰랐던 자들이 사랑을 알게 되며
묻혔던 사랑이 드러나고 나타나서 이루어지게 됩니다.

■ 희생을 짐으로 알면 고생

사랑은 희생하는 것입니다.
그 희생을 기쁨으로 할 수 있어야 합니다.

이제 사랑시대는 하나님께서 가정 속에 하늘의 사랑을 집어넣어
행복이 터져 나오게 만드십니다.

사랑하는 자를 위해 희생하고
그 희생이 사랑으로 느껴지면 기쁨이 일어나는 것입니다.

그런데 희생을 짐으로 알면 그것은 고생입니다.
내가 고생한다고 생각하는데 거기에 무슨 행복이 있겠습니까?

하나님은 희생을 통해 기쁨을 주시는데
기쁨이 나오지 않는다면 무엇인가 심상치 않은 것입니다.

가족이 나에게 짐이 되면 그 때부터는 고생입니다.
남편, 아내, 부모, 자녀가 짐이 됩니까?
이제 우리는 심령부터, 가정부터 온전하게 개혁시켜야 합니다.

사랑시대 가정들은 확실하게 구별되어야 합니다.
하나님의 말씀으로 우리 속의 더러운 것들을 몰아내야 합니다.

희생을 짐으로 알면 고생입니다.
하나님의 사랑으로 서로가 희생하고 품어야 하는 것입니다.
그러면 평안과 행복이 일어나게 됩니다.

■ 희생과 섬기는 마음이 있어야

우리가 보는 미(美)는
외모의 아름다움 곧 예쁘고 잘 생긴 것에 있지만
하나님이 보시는 미는 섬김과 희생과 사랑입니다.

남자와 여자가 만나 사랑의 가정을 이루기 위해서는
반드시 하나님의 미가 있어야 합니다.

하나님의 미는 말 없이 희생하며 섬길 때 몸에서 풍겨져 나오는데
마음에서 섬겨져야 그 섬김이 사랑으로 나오는 것입니다.
그래서 가정은 희생과 섬김이 있어야 서로 사랑하게 됩니다.

그러면 사랑에는 희생이 있어야 하며
내가 희생할 때 하나님께서 기쁨을 주십니다.
그 기쁨은 하나님이 주신 선물입니다.

그런데 말세를 사는 사람들은 자기를 사랑하기 때문에
섬김과 희생의 기쁨이 사라지고 있습니다(딤후3:1).
희생의 기쁨을 모르기 때문에 가정이 깨지는 것입니다.

예수님은 우리에게 섬김의 본이 되셨는데
그 섬김에는 희생이 들어있습니다.

그래서 가정에서는 하나님의 미가 있어야 합니다.
하나님의 미는 섬김과 희생입니다.
마음과 몸을 희생하는 것입니다.

가정에서도 내가 희생하고 섬기면
좋아하지 않을 사람은 없습니다.

인간은 하나님께도, 가족에게도 사랑을 받고 살아야
삶의 보람을 느끼게 됩니다.
사랑을 받지 못하면 심령 속이 점점 마르게 됩니다.

그러므로 심령 속에서 나오는 진정한 하나님의 사랑으로

가족을 품고 사랑해야 하는 것입니다.

우리가 말씀을 준행해서 하나님의 사랑으로 희생하고 섬기면
가정에 행복과 기쁨이 끊이지 않게 됩니다.

[2] 내가 희생해야 상대가 녹아

■ 하나님의 사랑으로 희생해야

이 시대의 많은 가정들이 깨지는 이유는
상대를 맞추지 않고 내 위주로 가려 하기 때문입니다.
희생하지 않겠다는 것입니다.

그런데 희생 없이 어떻게 가정이 아름다워지겠습니까?
행복한 가정을 만들기 위해서는 내가 먼저 희생해야 합니다.

상대를 사랑하는 마음이 있으면
희생할 때 보람과 기쁨을 느끼는 것입니다.
하나님의 사랑은 아름답습니다.

그 사랑으로 희생해야 합니다.
부부가 서로 희생하지 않는다면 어떻게 사랑이 오고 가겠습니까?
내 안에서 하나님의 사랑이 나와야 가정을 회복시킬 수 있습니다.

내 위주가 아니라 상대에게 희생을 하면서
사랑으로 맞추어야 빛이 나는 것입니다.
그러나 내 위주로 가게 되면 아무에게도 맞추어 줄 수 없습니다.

가정에서도 내 위주로 갈 때보다 희생할 때 더 기쁘지 않습니까?

어린아이도 내가 희생하고 다가갈 때 좋아합니다.
그래서 하나님의 사랑으로 다가가야 합니다.

자녀들도 독재를 쓰면 좋아하지 않습니다. 사랑으로 대해야 합니다.
하나님을 믿지 않는 부모들은 내 사랑으로 하지만,
믿는 우리는 내 사랑이 아닌 하나님의 사랑으로 대해야 합니다.

가정을 회복시킬 수만 있다면
내가 희생하지 못할 이유가 없습니다.

하나님의 사랑으로 희생할 때
가정이 바르게 세워지는 것입니다.

■ **사랑은 내가 희생해야**

가정에서 하나님의 은혜가 충만하면 천국이고
그 은혜가 떨어지면 지옥입니다.
천국은 평화, 사랑 자체입니다.

그런데 우리가 사랑을 잘못 사용하고 있습니다.
사랑을 잘못 사용하기 때문에 문제가 생기는 것입니다.

가정에서는 자기 멋대로의 생활이면서
밖에서 아무리 잘 하면 무엇하겠습니까?
가정이 더 중요합니다.

가정에 빛이 들어와야 하는데
어두움이 들어오면 절대로 안 됩니다.

이제 우리의 가정을 바꾸어야 합니다.
가정을 바꾸려면 우리는 희생하는 자가 되어야 합니다.
희생 없는 사랑은 빛이 나지 않습니다.

예수님이 이미 우리에게 희생의 본을 보이셨습니다.
희생하는 사랑은 빛이 나게 됩니다.

가정에서도 주부들이 희생하게 되면 빛이 나지 않습니까?
육신은 비록 힘이 들지만, 가족 모두에게 기쁨을 주게 됩니다.

사랑은 내가 희생하는 것입니다.
내가 희생해야 그곳이 천국이 되고 빛이 나는 것입니다.

■ 내가 희생해야 상대가 녹아

믿지 않는 우리의 사랑하는 가족들이
하나님의 품으로 돌아와야 합니다.

우리가 사후 세계를 말하면서도 지옥의 무서움을 아직 모릅니다.
그 불구덩이의 무서움을 상상도 하지 않습니다.
내 가족이 그곳에 들어간다고는 생각지도 않는 것입니다.

그리고 말은 믿는다고 하여도 실감을 하지 못합니다.
그것은 말씀에 대한 확신이 없기 때문입니다.

우리가 하나님의 말씀을 받았는데,
그 말씀으로 가족들의 마음을 녹이지 못하는 것도 기적입니다.

그러면서 가족들이 하나님 앞에 돌아올 때가 아직 되지 않았다고 말한다면 그 때는 언제를 말하는 것입니까?
그 소리가 얼마나 미련한 것인지 알아야 합니다.

왜 때가 되지 않았다는 것입니까?
내 스스로 때가 되지 않았다고 단정하고 있는데,
어떻게 그 때가 오겠습니까? 하나님의 때는 항상 지금입니다.

가족들에게 말을 전하는데 통하지 않는다면
과연 나는 그분과 얼마나 통하고 있는지 돌아보아야 합니다.

내가 내 것을 버리려고 하지 않기 때문에 통하지 않는 것입니다.
내 「의」가 그만큼 강하다는 것입니다.

하나님은 창조의 주인이신데,
그분의 말씀대로만 하면 왜 녹지 않겠습니까?
십자가의 사랑으로 희생하는데 왜 녹지 않겠습니까?

내 것으로 하니 녹지 않는 것입니다.
하나님의 사랑으로 하면 녹게 되어 있습니다.

창조주의 것을 받으면 피조물들은 녹게 되어 있는데
내 강함으로 상대를 녹이려 하기 때문에 녹지 않는 것입니다.

가족들의 자존심을 꺾으려 하지 말고
섬기면서 세워주고 사랑으로 가야 합니다.

이제 하나님께서 가족들을 끌 수 있는 기회를 주십니다.
내가 희생할 때, 상대의 마음을 녹일 수 있습니다.
사랑시대는 가정이 하나님의 사랑으로 회복되는 것입니다.

■ 내 몸을 아끼듯 공경하면 마음이 녹아

하나님의 자녀는
내가 먼저 깨지고 희생해서 믿음의 본이 되어야 합니다.

믿음의 본이 되려면,
사랑으로 맞추어가야 하므로 힘이 듭니다.
가정에서 희생하고 섬기면 좋아하지 않을 사람이 어디 있겠습니까?

다른 사람보다 가족을 더 섬기면서 사랑해야
마음이 녹아내리게 됩니다.
내 사랑으로 하지 말고 하나님의 사랑으로 가야 녹게 되는 것입니다.

가족에게는 말이 필요 없고 진리가 인도하는 행함으로 보여야 합니다.
진리 따로, 나 따로의 믿음은 안 됩니다.
진리와 행함이 같이 가야 합니다.

언제까지 '때가 되면, 하나님이 가족을 교회에 나오게 해 주시겠지'
하고 있을 것입니까?

하나님이 나에게 이미 사명을 주셨으니
내가 먼저 그분의 사랑을 넘치게 받아 가족을 녹여야 합니다.

'때가 되면'은 바로 지금입니다.
밖에서는 다른 사람을 살리면서 가장 가까이 있는 내 가족을 살리지 못한다면 무엇인가 잘못된 것입니다.

가정에서 가족 간에 사랑이 없어 물과 기름이면
하나님의 복을 받을 수 없습니다.
믿지 않는 가족일수록 더 사랑으로 품어주어야 합니다.

하나님의 사랑으로 희생하면서 그들의 마음을 녹여야 합니다.
가족의 마음을 녹이려면 내 사랑을 가지고 가면 안 됩니다.
내 것을 가지고 가면 배척당하게 됩니다.

내 사랑에는 욕심이 있기 때문에 상대를 녹이지 못합니다.
그러니 우리가 하나님이 처방하신 것을
하나도 빼지 말고 그대로 가져가야 녹일 수 있습니다.

내 사랑을 버리고
하나님의 사랑을 가져가야 그 사랑으로 녹게 되는 것입니다.

가족을 섬기는 것이 내 사명입니다.
"기쁜 마음으로 섬기기를 주께 하듯 하고"(엡6:7).

가정에서 가족의 마음을 녹이는 것은
말로 녹이는 것이 아니라 행함이 있어야 합니다.

가족은 나의 움직임에 녹게 되는 것입니다.
그러므로 더 희생하고 하나님의 사랑으로 섬겨야 합니다.
생명을 살리는데 이 일도 하지 못하겠습니까?

사랑하는 가족을 내 몸을 아끼듯 공경해야 합니다.
그리스도를 공경하듯 가정에서 가족을 공경할 때
그들의 마음이 녹아내리는 것입니다.

22장
가족을 사랑으로 품어야
(I Must Embrace My Family in Love)

[1] 하나님의 사랑을 가정에 흐르게

■ 묻어둔 사랑을 사용해야

인간은 사랑이 좋다고 하면서도 그 사랑을 사용할 줄 모릅니다.
하나님은 사랑을 사용하라고 우리에게 허락해 주셨습니다.

돈을 사용하지 못하는 사람에게 돈을 주겠습니까?
돈을 사용할 때는 기쁘지만,
돈이 없어서 사용하지 못할 때는 기분이 좋지 않습니다.

우리가 꼭 사용해야 될 것에 쓰지 못할 때는
마음에서 기쁨이 나오지 않습니다.

하나님께서 우리에게 사용하라고 허락하신 것은 사랑입니다.
그 사랑을 사용했을 때 기쁨이 나오는데
사랑을 묻어놓고 사용하지 않으면 문제가 생깁니다.

우리는 돈이 드는 것도 아닌데 사랑을 사용하지 않습니다.
그러면 사후에 천국 가서 쓸 것입니까?

우리가 삶 속에서 사랑만 사용하면 힘들지 않을 텐데

다른 것을 사용하기 때문에 힘든 것입니다.

사랑에는 희생이 따릅니다.
사랑을 하면 나의 육이 움직여야 합니다.

가정에 하나님의 사랑을 공급하면 삶이 윤택해지지만,
다른 것을 공급하면 사랑에 금이 가게 됩니다.
우리가 하나님의 것만 사용해야 가정이 평안합니다.

이제 사랑시대는 묻어둔 사랑을 꺼내서 사용해야 합니다.
그러면 가정에서 진정한 하늘의 기쁨이 샘솟게 됩니다.

■ 마음을 열고 다가가야

부부는 진실과 진실이 만나는 것입니다.
마음을 열어야 사랑으로 통합니다.
무엇 하나라도 속이려고 하면 통하지 않습니다.

우리가 살면서 말이 통하지 않을 때 답답합니다.
그 답답함은 서로의 심령 속에서 금방 느끼게 됩니다.
그래서 마음과 마음이 통해야 진정한 행복입니다.

가정에서 문제가 생기면 빨리 풀어야 합니다.
특별히 부부간에는 문제를 풀고 넘어가야
가정의 행복을 유지할 수 있습니다.

부부간에는 대부분 자신만을 볼 때가 많은데
상대를 볼 줄 알아야 합니다.
항상 상대의 입장에서 생각을 하면 가정이 천국이 되는 것입니다.

나는 천국 열쇠를 가진 자입니다.
상대를 살리기 위해 나를 그 집에 하나님의 사자로 보내셨다면
사자에게 필요한 것은 문제를 푸는 열쇠입니다.

그러면 열쇠를 계속 돌려서
열리지 않는 곳들을 열어주는 일을 해야 합니다.

우리는 열쇠를 가지고 가정에 들어가서
기적이 일어나는 것을 보아야 합니다.

하나님의 말씀은 믿음으로 합해야 기적이 일어납니다.
같은 말도 믿음으로 하는 것과
내 생각으로 하는 것은 하늘과 땅 차이입니다.

가정에서 사랑이 일어나야 합니다.
서로가 상대를 이해하지 못하면 힘들어집니다.

그러므로 내가 한걸음 물러나서
열쇠를 가지고 들어가 풀어야 합니다.

이제 가정이 회복되어야 합니다.
가족이 사랑으로 살아야 합니다.

열쇠를 가진 자들은 하나님의 보내심을 입었으니
마음을 열고 희생으로 다가가야 회복의 역사가 일어나게 됩니다.

■ 사랑은 속에서 우러나와야

"믿음, 소망, 사랑, 이 세 가지는 항상 있을 것인데
그 중의 제일은 사랑이라"(고전13:13).

사랑이 가장 귀합니다.
사랑이 없는 믿음과 소망은 아무 것도 아니라는 것입니다.

사랑이 제일이니 사랑을 생산해 내야 하는데
생산이 잘 되지 않습니다.
우리가 사랑을 해 보려고 얼마나 노력을 합니까?

사랑은 배워서 하는 것이 아닙니다.
사랑은 속에서 우러나와야 합니다.
엄마가 자식을 사랑하는데 그 사랑을 배워서 하겠습니까?

짐승이 새끼를 낳고 젖을 주며 사랑하는 것도
누구에게 배워서 하는 것이 아닙니다.
짐승도 속에서 우러나와 사랑하는 것입니다.

부모 속에서 나오는 사랑은 배운 사랑이 아닙니다.
그런데 사랑을 꾸미고 모양을 내려하니 깨지는 것입니다.

하나님의 사랑은 본토에서 나와야 합니다.
인간의 본토가 아닌 하나님의 본토에서 나와야 하는 것입니다.

인간의 본토에서 나온 것은 미완성이지만
하나님의 본토에서 나온 것은 완전한 것입니다.

그래서 이제 사랑시대는
하나님의 사랑이 우리 속에서 드러나야 합니다.

우리가 살면서 사랑의 기본은 다 알고 있는데
그 기본도 행하지 않습니다.
그만큼 행하기가 힘든 것입니다.

속에서 우러난 사랑은 죄를 덮어주고 용서가 됩니다(벧전4:8).
그 사랑은 본토 속에서 우러나오는 것이기 때문입니다.

자녀가 잘못할 때 용서를 하듯이
그 잘못이 남편이나 아내에게서 드러나도 용서하겠습니까?

진짜 본토에서 우러나오는 사랑은 죄를 덮어버립니다.
사랑이 그만큼 강하기 때문에 묻어버리는 것입니다.

그런데 속에서 우러나오는 하나님의 사랑이 아닌
내 사랑으로 하면 조금만 맞지 않아도 사랑이 문제에 묻혀버립니다.
하나님의 본토에서 나오는 사랑으로 가야 문제가 없습니다.

우리는 가장 쉬운 것이 사랑인 것 같지만
하나님이 주시지 않으면 할 수가 없습니다.

하나님의 본토에서 나오는 사랑이 최고의 사랑입니다.
그 사랑이 속에서 우러나와야 문제를 덮고
가정이 평안할 수 있는 것입니다.

■ 하나님의 사랑을 가정에 흐르게 해야

하나님의 임재로 인해
먼저는 우리의 심령이 온전해지고,
가정과 교회에서 그분의 사랑이 나타나고 보여져야 합니다.

심령에서, 가정에서, 교회에서 변화가 일어나야
그분이 임하신 것입니다.

하나님의 사랑으로 가정을 바꾸어야
가정에서도 빛이 나는 것입니다.

내 생각의 틀을 하나님의 말씀으로 완전히 깨야 합니다.
「나」라는 자를 깨버리는 것입니다.
그러면 나의 정욕적인 생각이 완전히 바뀌게 됩니다.

우리는 신앙생활을 내 위주로 했기 때문에
상대에게 하나님의 사랑을 나누어줄 줄 몰랐습니다.

우리는 상대를 살리는 일이라 하면 전도만을 생각합니다.
그러나 살리는 일은 가정에 하나님의 사랑이 흐르게 하는 것입니다.

남편에게, 아내에게, 자녀에게
하나님의 사랑이 흐르게 하는 것이 진정한 열매입니다.

교회 와서는 기뻐하고
가정에서는 기쁨이 일어나지 않으면 외식자입니다.

하나님의 사랑이 내 안에 넘치면 그 사랑이 내 가정에서 흘러야 합니다. 나만 가지고 있으면 안 되고 그 사랑을 흐르게 해야 합니다.
우리의 자손들이 그 사랑을 먹고 살아야 합니다.

하나님의 사랑은 위에서부터 흘러야 합니다.
위에서부터 사랑이 흘러나와야 자동으로 흡수가 되는 것입니다.
가정을 사랑으로 만들어야 하는 것이 우리의 사명입니다.

그런데 믿음의 사람들이 온전한 사랑을 누려야 하는 가정에서
조화를 이루지 못하고 있습니다.

'너는 너이고 나는 나다, 하나님과 일 대일이다' 하면서
각자가 따로 겉돌고 있으니 가정에서 물과 기름으로 있는 것입니다.

남편은 남편대로, 아내는 아내대로, 자식은 자식대로
각자의 갈 길은 따로 있다고 생각하며 사는 것이 문제입니다.

이제 사랑시대 하나님이 내 생각의 틀을 깨십니다.
하나님은 내 심령 속부터 시작해
가정에까지 사랑이 흐르게 해서 살리시려는 것입니다.

내 안에 하나님이 계시다면,
당신의 사랑 속으로 남편과 아내와 자녀를 품고 싶어하실 것입니다.
내 가족들이 하나님을 닮게 하고 싶으실 것입니다.

우리가 나가서 전도하는 것도 중요하지만,
하나님의 사랑을 가정에 흐르게 하는 것이 우선입니다.

[2] 가족을 사랑으로 품어야

■ 사랑은 나로부터 시작되어야

우리가 밖에서 누구와 다투고 오면
상대가 보이지 않아 잊을 수 있지만
매일같이 쳐다보는 가족과 다투게 되면 마음이 편하지 않습니다.

그래서 밖에서는 다툴지라도 집안에서는 다투면 안 됩니다.
그렇다고 밖에서 다투라는 것은 아닙니다.
집 안에서는 다투거나 소리를 내면 안 된다는 것입니다.

사단은 어떻게 하든지 가정을 깨고
부부 사이, 부모와 자식 간의 관계를 끊어놓기 위해
틈을 노리고 있습니다.

그래서 그들에게 틈을 주지 말아야 합니다.
우리는 사랑만 해야 합니다.
내 속에서 사랑만 내보내야 하는 것입니다.

우리가 생각할 때 우물의 물을 푸지 않으면 물이 많아질 것 같지만
그 물을 퍼 내지 않으면, 우물이 썩게 됩니다.

하나님이 우리에게 주신 사랑도 마찬가지입니다.
사용하지 않으면 썩게 되는 것입니다.
우리는 하나님의 사랑을 아끼지 말고 계속 내보내야 합니다.

그래서 상대가 나를 볼 때, 가장 귀한 자가 되어야 합니다.
그 귀함을 죽을 때까지 유지해야 합니다.
그것이 최고로 행복한 것입니다.

가족을 사랑할 줄 알아야 합니다.
가족을 사랑할 줄 모르는 사람은 심령이 메마른 자입니다.

사랑은 나로부터 시작되어야 합니다.
내 안에서부터 먼저 가족에게 하나님의 사랑이 나가야 합니다.

그분의 사랑이 나로부터 시작되어 가정에 흘러 교회로 스며들고
또 사회로 나가야 온전해지는 것입니다.

사랑시대는 우리의 심령을 회복하고
가정을 다시 회복하는 것입니다.

■ 사랑한다는 소리를 끌어내야

"하나님이 아담을 깊이 잠들게 하시니 잠들 때 그가 그 갈빗대 하나를 취하고 살로 대신 채우시고 하나님이 아담에게서 취하신 그 갈빗대로 여자를 만드시고"(창2:21-22).

하나님이 아담 속의 갈빗대 하나를 빼서 여자를 만드셨으니
아담과 하와는 하나입니다.

그런데 불순종이 들어온 후에
각자 속에 자존심과 체면이 너무나 강해졌습니다.
그래서 그 동안 아담과 하와가 따로 따로 였습니다.

이제 사랑시대는
「나」라는 자존심과 체면이 무너져야 합니다.

사랑시대는 가정을 중심으로
아담에게서 빼냈던 갈빗대가 제자리로 들어가야 합니다.
제자리로 들어가 하나기 되면 자존심과 체면이 있겠습니까?

각자가 따로 일 때 그것들이 나오는 것입니다.
상대가 사랑하지 않으니 나도 하지 않겠다면
죽을 때까지 사랑을 보일 수 없습니다.

지혜로운 자는 사랑한다고 말하지 않는 자 속에서
사랑한다는 소리를 끌어내는 것입니다.
그런 자가 능력자입니다.

병 고치는 은사와 산을 들어 옮기는 능력만 있으면 무엇하겠습니까?
내 가정에서 상대로부터 사랑한다는 소리를 끌어내야

진정 큰 능력자인 것입니다.

그러기 위해서는 내 자존심과 체면을 버려야 합니다.
그러면 사랑이 나오게 되어 있습니다.
하나가 되면 천국을 이루게 됩니다.

인간은 할 수 없지만 하나님은 하게 만드시는 분입니다.
가족에게서 어떻게든 그 사랑을 끌어내야 합니다.
사랑이라는 소리가 몸에 스며들 때까지 해야 합니다.

하다가 중단하면 아니함만 못하니
상대에게서 사랑한다는 소리를 끌어내야 하는 것입니다.

■ 나이를 먹을수록 사랑으로 품어야

나이를 먹게 되면 여자들은 혼자서도 살 수 있지만
남자들은 기댈 곳을 찾습니다.

남자들이 젊을 때는
삶이 너무나 바빠서 기댈 데를 찾지도 않습니다.
자신이 처자식을 먹여 살려야 한다는 생각 밖에 없습니다.

그런데 중년을 지나게 되면
그 때부터 차츰 경제력을 잃어가면서 힘이 빠져 기댈 데를 찾습니다.
그러면서 밖으로 돌던 남자들이 집안으로 들어오는 것입니다.

집안으로 들어오는데 기댈 데가 없어지면 어떻게 하겠습니까?
속에서 불만이 터지면서 짜증이 나게 되는 것입니다.
짜증을 내는 것은 좀 기대야겠다는 소리입니다.

그런데 짜증을 낸다고
같이 짜증을 내면 더 힘들어집니다.
여자에게 기대려고 들어왔다가 다시 밖으로 돌게 되는 것입니다.

그런데 밖에서는 아무리 찾아보아도 기댈 데가 없습니다.
여자라도 기대야지 하면서 가정으로 들어왔는데
받아주지 않으면 속에서 우울증이 오게 됩니다.

남자는 자존심과 체면이 너무나 강해서
그 우울증을 표현하지 않는 것뿐입니다.
하나님은 서로 사랑하고 기대라고 부부로 붙여주셨습니다.

그러므로 나이를 먹을수록 기댈 데를 찾아
집안으로 들어오는 남자를 사랑으로 품고 섬기는 지혜가 있어야
화목한 가정이 되는 것입니다.

■ **가족을 사랑으로 품어야**

우리는 누구보다도 가족부터 사랑으로 품어 하나가 되어야 합니다.
부부간에, 부모와 자녀간에, 형제간에 서로 사랑이 오고가야
가정이 온전해지는 것입니다.

가정을 아름답고 윤택하게 해야
감사와 기쁨이 일어납니다.

내가 피곤하고 힘들다는 이유로 가족에게 짜증을 내어
상처를 주지 말고, 늘 사랑으로 품어야 합니다.
나는 죽고 하나님의 사랑으로 가족을 살리는 것이 우리의 사명입니다.

하나님의 말씀을 받았으면 내 생활이 먼저 바뀌어야 합니다.
믿음의 사람들이 생활 속에서 본이 되어야 하는 것입니다.

가정에서는 감사와 기쁨과 웃음이 나와야 합니다.
하나님께서 우리에게 붙여주신 가족은 원수가 아니라
세상에서 가장 사랑하는 자들인 것을 잊으면 안 됩니다.

그래서 우리는 가족을 사랑으로 품어야
온전한 감사와 기쁨과 평안을 누릴 수 있습니다.

■ 하나님이 사랑하는 자를 사랑으로 품어야

이 땅의 모든 사람들이 교회에 나오지 않는다 해도
다 하나님의 사랑을 받고 있습니다.

불상 앞에 앉아있는 사람들까지도
하나님의 사랑을 받고 있는 것입니다.
그들이 하나님의 사랑을 받고 있다는 것을 모르는 것뿐입니다.

인류가 하나님이 창조한 모든 것을 먹으며 살고 있지 않습니까?
그러므로 우리는 누구를 정죄할 수 없습니다.
모두가 다 하나님이 사랑하는 자들입니다.

하나님이 사랑하는 자를 우리가 배척하면 안 됩니다.
사랑으로 품어야 합니다.
하물며 가족이 마음에 들지 않는다고 미워하면 되겠습니까?

우리는 하나님의 진리로 생명들을 사랑해야 합니다.
가정에서 나의 할 일을 잘 해서 가족들에게 인정을 받아야 하고 모든 관계를 사랑으로 유지해야 합니다.

가족에게 사랑이 나가지 않는다면 내 신앙이 잘못된 것입니다.
하나님의 사랑이 나가지 않으면 사단이 모든 관계를 끊어지게 합니다.
그러면 가정에 금이 가기 시작하고 결국은 깨지는 것입니다.

그래서 관계가 끊어지지 않도록
하나님이 사랑하는 자들을 사랑으로 품어야 합니다.

23장
사랑은 나눌 줄 알아야
(Love Must Know How to Share)

■ **가까이 있는 자부터 사랑해야**

예수님은 원수를 사랑하라고 하셨습니다(눅6:27).
그런데 가족도 사랑하지 못하면서 어떻게 원수를 사랑하겠습니까?

가장 가까이 있는 사람을 사랑할 줄 알아야
그 사랑이 진정한 사랑입니다.

집안에서는 가족의 마음을 상하게 하면서
밖에 나가서만 사랑한다면 그것은 사랑이 아니라 외식입니다.
사랑의 흠집은 가정 안에서부터 없애야 합니다.

먼저 내 속에서부터 사랑이 온전해야 합니다.
자신을 사랑하지 못하는 사람은 상대 또한 사랑하지 못합니다.
사랑은 자신을 잘 지키는 자가 하는 것입니다.

자신을 사랑할 줄 아는 사람은 자신을 귀하게 여깁니다.
자신을 귀하게 여기는 자는
자신의 자리를 생명 걸고 지키는 자입니다.

그런 자가 진정한 사랑을 하는 자로서 생명 걸고 내 가정을 지킵니다.

가족을 사랑하고 밖에 나가서도 진짜 사랑을 하는 것입니다.

그런데 내 자리를 이탈하면 그 사랑은 온전할 수 없습니다.
그래서 우리는 자기의 위치를 확실히 지켜야 합니다.

가정에서 자기의 위치를 확실히 지킬 때
사랑이 번져나가는 것입니다.

그러므로 사랑은 내 안에서 시작해
가장 가까이 있는 자부터 사랑해야 합니다.
그 사랑이 온전한 사랑이 되는 것입니다.

■ 사랑은 나눌 줄 알아야

말씀은 입으로 말만하고 실천하지 않으면 열매가 없습니다.
지금까지는 성경을 바라만 보았지만
이제는 성경이 내 안에서 나티니야 합니다.

가정에서 하나님의 사랑만 온전히 실천하면 문제될 것이 없습니다.
그러나 사랑이 말라가기 때문에 힘들어지는 것입니다.

가정에는 하나님의 십자가의 사랑이 스며들어 넘쳐야 합니다.
먼저는 내 안에서부터 하나님의 사랑이 흐르고
내 가족에게로 그 사랑이 흘러야 합니다.

사랑을 가정에서 찾아먹지 못하고 밖에 나가 얻어먹는 것은
동냥하는 것입니다. 거지 근성입니다.

내 가족과 사랑을 나누어 먹고

그것을 밖에 나가 나눌 줄 알아야 합니다.

내 안에서 하나님의 사랑이 흐르면
가정에 평화가 오지 않을 수 없습니다.
하나님이 그 자리에 복을 쏟으십니다.

가정이 복을 받으려면 모든 것을 사랑으로 바꾸어야 합니다.
매일같이 보는 가족으로부터
'너는 어찌 그리 아름답냐!' 라는 소리가 나와야 합니다.

가정은 사랑으로 이루어야 합니다.
가족은 사랑으로 맺어지는 것입니다.

그래서 사랑을 먹어야 가정에 기쁨이 일어나게 됩니다.
사랑을 먹지 못하면 기쁨이 나올 수 없습니다.

인간은 사랑을 먹을 줄 알아야 하고 나눌 줄도 알아야 합니다.
사랑을 먹을 줄 모르는 사람이 어떻게 사랑을 하겠습니까?

사랑을 받기만 하고 나눌 줄 모르면 그 속은 썩어버립니다.
가장 큰 불행은 사랑이 썩는 것입니다.
사랑이 썩으면 심령이 죽게 됩니다.

사랑을 받으면 나눌 줄 알아야 합니다.
사랑은 줄 때 기쁜 것입니다.

■ 머리는 사랑을 공급하는 역할을 해야

"이는 남편이 아내의 머리 됨이 그리스도께서 교회의 머리 됨과 같음이니 그가 바로 몸의 구주시니라" (엡5:23).

남편은 아내의 머리입니다.
머리가 잘못되면 온 전신이 마비가 됩니다.
그래서 남편의 자리가 얼마나 중요한지를 알아야 합니다.

팔이 머리의 역할을 할 수 있습니까?
이와 같이 아내가 남편의 자리에 가면 안 됩니다.

머리는 머리에서 그 역할을 감당해야 합니다.
머리의 뇌 속에서 모든 오장육부를 조종하듯
남편은 가정의 모든 일을 이끌어가는 역할을 하는 것입니다.

머리가 맑으면 온 전신이 맑습니다.
그만큼 남편의 자리는 중요한 자리이고
무거운 자리인 반면에 가장 복된 자리입니다.

그러면 머리는 사랑을 공급하는 역할을 잘 해 주어야 합니다.
사랑을 공급함으로 인해 그 공급받은 자리에서
활동을 활발하게 할 때 머리는 기쁜 것입니다.

그런데 머리에서 잘못하면 열매의 수확은 헛수고가 됩니다.
머리에서 잘못 조종하면 열매를 하나도 거둘 수 없는 것입니다.

머리에 이상이 생기면
전신의 모든 기능이 다 영향을 받게 됩니다.
머리가 그만큼 중요합니다.

그러므로 교회의 머리되신 하나님이 사랑을 공급하듯
가정의 머리인 남편은
사랑을 공급하는 역할을 잘 해야 하는 것입니다.

24장
가정에서 내가 인정받아야
(I Must Receive Acknowledgement in the Family)

■ 내가 가족에게 인정받아야

하나님의 자녀들은 가족에게 인정받아야 합니다.
가족에게 인정을 받지 못하는 사람은
어디에 가서도 인정을 받을 수 없습니다.

믿음 따로 행동 따로이면 안 됩니다.
행동까지 인정을 받아야 합니다.
우리의 믿음을 가족들이 항상 주시하고 있음을 알아야 합니다.

삶 속에서 믿는 자로서의 도리를 제대로 하지 않으면
믿지 않는 가족들이 판단하고 정죄합니다.

그러나 삶의 모든 면에서 믿음으로 철저히 행하면
가족도 속으로는 인정을 합니다.

「나」하나 희생하여 사랑으로 대해주면 너무나 좋아합니다.
그런데 가정에서 사랑이 드러나지 않으면 힘들어집니다.
웃음이 사라집니다.

가정에서 웃음이 없는데 어디에 가서 웃겠습니까?

밖에서의 웃음과 기쁨은 진정한 것이 될 수 없습니다.
하나님의 사랑이 들어가면 원수 같던 마음을 녹입니다.

우리는 가장 가까운 가족과 사이가 좋아야 합니다.
내 가족과 사이가 좋지 않다면 그것부터 해결해야 합니다.
진정한 믿음은 가족이 인정해야 합니다.

나의 믿음을 가족이 인정하지 않는다면 행동에 문제가 있는 것입니다.
믿음 생활을 하면서 행동이 바뀌고 변해야
상대가 인정하고 받아들입니다.

이제 사랑시대는 가정을 회복시키십시오.
가족들에게 왕 대접을 받으려 말고 내가 종으로 희생해야 합니다.
그러면 하나님이 역사하시지 않겠습니까?

아무리 강퍅한 심령도
하나님의 사랑 앞에서는 녹게 되어 있습니다.

그러므로 우리는 행함으로 진리를 드러내어
가족에게 인정받아야 합니다.

■ 부부간에 인정되어야 사랑이 일어나

우리는 가족을 사랑으로 품어서 가정이 사랑으로 일어나야 합니다.
가족과 원수를 맺고 있으면서
교회에 가서는 찬양하고 기뻐한다면 그것은 외식입니다.
그래서 가족과 사랑해야 하나님께 온전한 영광이 되는 것입니다.
사랑시대는 우리의 심령 회복과 가정 회복이 우선입니다.

하나님은 가정을 다시 회복시키시려는 것입니다.

하나님은 감사와 기쁨이 넘치는
가장 행복하고 아름다운 가정으로 바꾸십니다.

내 안에 하나님이 임하셔야 상대에게 희생을 할 수 있습니다.
하나님이 임하셔야 나보다 가족을 먼저 생각하게 됩니다.

가족이 웃어야 나도 웃을 수 있습니다.
가정에서 부모가 속이 상하면 아이들도 웃지 않습니다.

특별히 부부간에는 서로가 인정이 되어야 사랑이 가게 됩니다.
상대가 하는 일이 인정이 되어야 속에서 사랑이 나가는 것입니다.

인정이 되지 않으면
사랑이 나가지 않고 신뢰하는 마음이 끊어지게 됩니다.
신뢰하는 마음이 없는데 어떻게 사랑을 하겠습니까?

사랑은 억지로 되는 것이 아니라
속에서 나와야 하는 것입니다.

부부간에 서로가 인정되어야 사랑이 일어납니다.
그 속에서 하나님의 사랑이 나와야 합니다.

25장
희생의 사랑을 내어놓아야
(I Must Give Out Sacrificial Love)

[1] 주는 사랑을 해야 그 사랑이 다시 와

■ 사랑에는 희생이 있어야

"믿음, 소망, 사랑 이 세 가지는 항상 있을 것인데
그 중의 제일은 사랑이라"(고전13:13).
하나님의 사랑으로 구원을 이룰 때가 완성입니다.

하나님이 우리에게 찾아오셔서 당신의 살아계심을 보이시는 것은
말씀 앞에 무릎을 꿇고 고개를 숙이라는 것입니다.
사람 앞에 숙이는 것이 아니라 진리 앞에 숙여야 합니다.

말씀은 살아 있어 생명이 있습니다.
생명은 사랑의 열매입니다.

생명이 없는 사랑은 죽은 사랑입니다.
사랑이 있으면 생명이 보입니다.
그러므로 살아계신 하나님의 말씀 속에는 생명이 있습니다.

그 생명이 하나님의 사랑으로 인해서 나타난 것입니다.
그 사랑에는 희생이 들어있습니다.

사람 속에서 새 생명이 탄생하기까지도 희생이 필요합니다.
엄마가 죽기를 각오하고 희생할 때
어린 생명이 나오는 것입니다.

인간이 아기를 낳으려고 해도 죽음을 각오하는데 하물며 하나님의
생명이 나오기까지는 얼마나 많은 희생이 필요하겠습니까!

하나님의 생명을 위해
죽기까지 희생의 본을 보이신 분이 바로 예수님입니다.

그 생명을 받은 자가 또 생명을 걸고 희생을 해야 생명을 낳습니다.
그래서 그 생명이 내 속에서 자란다고 믿어지면
그 때부터 나의 삶 자체가 생명을 위해서 사는 것입니다.

엄마는 생명을 위해서 음식도 마음대로 먹지 못하고, 듣는 것도 마음대로 듣지 않습니다. 모든 것을 다 조심하면서 생명을 위해 희생합니다.
그 때부터는 나를 위해서 살지 않습니다.

이처럼 하나님의 생명도
나를 포기하고 희생하는 사랑 속에서 나오는 것입니다.

■ 하나님의 사랑으로 해야

사랑시대는 가정이 첫째입니다.
가정이 온전하게 서야 진정한 사랑시대입니다.

가정은 믿음 안에서 하나가 되어야 행복합니다.
가정이 온전하게 하나 되려면 각자의 믿음을 세워주어야 합니다.
그러면 가정이 무너지지 않고 든든하게 세워져 갑니다.

믿음으로 세우려면
내 욕심을 채우지 말고 하나님의 사랑으로 품어야 합니다.
내 위주가 아닌 하나님의 위주로 가야 합니다.

내 가정의 주인은 하나님이십니다.
예수님이 하나님께 순종하신 것처럼
우리도 가정에서 그분의 말씀대로 순종하는 것이 당연한 일입니다.

부모를 공경하고 형제를 사랑하면 삶이 평안합니다.
부모를 공경하는 자는 천 대(代)의 복을 받습니다.

그런데 부모를 공경하지 않는 자는
평안이 없고 길이 열리지 않습니다.

우리는 하나님이 주신 사명을 끝까지 감당하며 가야 합니다.
우리 속에서는 십자가의 사랑만이 드러나야 합니다.

내 사랑으로 하면 안 됩니다.
내 사랑에는 요구 조건이 따라다닙니다.

그래서 우리는 하나님의 사랑으로
가족을 사랑해야 합니다.

■ 주는 사랑을 해야 그 사랑이 다시 와

사랑은 메아리와 같습니다.
사랑은 아무리 주어도 다시 돌아오게 되어 있습니다.

그래서 우리가 하나님의 사랑도 계속 뿌리면

사랑으로 수확하게 되는 것입니다.

하나님은 우리에게 사랑을 주셨습니다.
주는 사랑을 하게 되면 결국에는 사랑이 다시 돌아오게 됩니다.
예수님의 십자가의 사랑이 주는 사랑입니다.

하나님이 우리에게 주신 십자가의 사랑은 영생입니다.
우리 속에 영생 곧 감사, 기쁨, 평안이 들어온 것입니다.
그런데 영생의 사랑이 들어왔으면 나갈 줄도 알아야 합니다.

예수님은 인류를 향해 사랑을 주셨으므로
이제 인류의 것이 십자가 속으로 다 들어옵니다.

재림은 예수님의 것이 다시 들어오는 것입니다.
하나님은 예수님을 통해서 사랑을 주기만 하셨는데
사랑시대는 온 인류가 하나님께 온전한 영광을 드리는 것입니다.

예수님은 우리에게 사랑을 주시기 위해 오셨습니다.
우리도 주는 일만 하면 되는 것입니다.
주는 사랑을 해야 그 사랑이 다시 나에게 다 돌아옵니다.

■ 사랑이 나갔다가 돌아올 때 완성

가정에서 상대가 나의 사랑으로 인해 기쁨이 일어나면
그것이 진정한 사랑의 완성입니다.

사랑시대는 하나님께서 우리의 가정을
이처럼 아름답게 만드시려는 것입니다.

나에게서 계속 사랑이 나가면,
그 사랑이 돌아오게 되어 있습니다.
돌아올 때 사랑의 완성을 이루는 것입니다.

하나님이 언제 사랑을 완성하시고 영광을 받으시겠습니까?
그분의 재림 때 곧 사랑시대입니다.

이제 우리는 예수님의 사랑을 받아서 그 사랑이 계속 나가야 합니다.
그 사랑이 돌아올 때 완성입니다.
그것이 하나님께 영광입니다.

하나님께서는 예수님에게 영광을 허락하셨습니다.
그래서 많은 자들이 예수님께 영광을 돌렸습니다.
예수님은 하나님께 받은 영광을 다시 올리신 것입니다.

우리가 하나님의 사랑을 받았으면
그 사랑을 나누어야 합니다.
그 사랑이 우리에게 다시 돌아올 것입니다.

그러면 사랑을 수확해서 거두어들이는 것입니다.
그것이 하나님께로 올려지면 완성입니다.

상대의 사랑이 나에게 돌아오면
우리는 상대의 마음을 바꾸어놓은 것입니다.

하나님이 나를 바꾸어서
당신께 영광을 올리게 하면 그분은 성공하신 것입니다.

우리가 이제는 상대의 마음을 십자가의 사랑으로 품어
하나님을 사랑하게 만들어야 합니다.

내가 계속 내보낸 사랑이 나갔다가 돌아올 때
완성을 이루는 것입니다.

[2] 희생의 사랑을 내어놓아야

■ 희생할 때 기쁨

내가 희생할 때 기쁨이 옵니다.
희생만이 하늘의 것으로 쌓이는 것입니다.

돈을 말하는 것이 아니라
우리의 몸과 마음과 생각을 말하는 것입니다.

내 몸을 희생적으로 내어놓을 때, 빛이 나게 됩니다.
하나님은 빛 자체입니다.
희생 자체입니다.

희생하면 빛이 나게 되고,
빛은 기쁨이기 때문에 우리 안의 죄와 어두움이 떠나게 됩니다.

그런데 희생을 하지 않으면 가는 곳마다 일이 막힙니다.
희생이 없으면 생산이 없어
기쁨이 나오지 않고 만족이 없습니다.

나를 희생하지 않으려 하고 나를 위해 쌓으려고만 하면
오히려 그것이 화가 되는 것입니다.
그래서 내 것을 희생으로 내어놓아야 합니다.

희생할 때 감사, 기쁨, 평안이 일어나게 됩니다.
우리는 빛으로 지어진 자들이기 때문입니다.

■ 생명의 냄새는 기쁨

감사가 나올 때 피는 꽃의 향기는 기쁨입니다.
내 안에서 감사가 넘쳐야 꽃의 향기가 진동하게 됩니다.
그 향기가 상대에게 스며드는 것입니다.

꽃망울은 향기가 없지만 꽃이 피면 향기가 나게 됩니다.
감사가 나타나면 기쁨이 일어나게 되고
그 기쁨이 상대에게 흡수되는 것입니다.

꽃이 피면 향기가 진동을 하듯
우리 속에서 감사함으로 기쁨이 나오면 상대에게 유익을 주게 되는 것입니다.

그것이 십자가 사랑의 냄새입니다.
썩은 냄새가 아닌 생명의 냄새입니다.
생명의 냄새는 기쁨, 평안입니다.

■ 희생의 사랑을 내어놓아야

우리는 부모의 피로 인해 만들어졌습니다.
엄마 뱃속에서 만들어질 때
내 것은 하나도 없고 부모의 것으로 만들어진 것입니다.

그 피는 희생입니다.
희생은 사랑에서 나온 것입니다.
그래서 사랑의 열매는 희생이 있어야 합니다.

내가 태어나기까지 내 것은 하나도 들어가지 않고
하나님의 공과 부모의 희생만 들어갔습니다.
그러면 「나」라는 인간은 희생으로 만들어진 것입니다.

미움으로 지어진 것이 아니라 사랑으로 지어졌습니다.
사랑은 기쁨입니다. 기쁨으로 만들어졌습니다.

그래서 사람은 희생할 때 기쁨이 있는 것입니다.
희생하는 사랑은 기쁨입니다.

이제 나도 희생의 사랑을 내어놓아야 하늘의 것으로 채워집니다.
내 것이 하나도 없이 다 내어놓을 때 온전한 사랑인 것입니다.

■ 내 희생으로 심령이 녹아져야

하나님은 나를 살리기 위해서 당신의 아들까지도 내어놓으셨습니다.
그래서 나도 가정을 하나님의 나라로 바꾸려면 희생이 필요합니다.

나를 살리기 위해
예수님은 십자가를 지시고 물과 피를 다 쏟으셨는데
내 가정을 회복하고 살리는 일이 어찌 희생 없이 되겠습니까!

부부간에 성격이 맞지 않는다고
이 시대의 많은 가정들이 이혼을 하고 있습니다.
결국은 자기를 희생시키려 하지 않는 것입니다.

상대를 희생으로 섬기지 않는 것은
인간의 타락성 때문입니다.

이제 사랑시대는
에덴에서부터 시작된 인간의 타락성을 버려야 합니다.
하나님께서 우리에게 가정을 주셨으니 그 타락성을 버려야 합니다.

예수님이 우리를 맞추지 않았다면 어떻게 십자가를 지셨겠습니까?
우리에게 맞추어 주시고 생명을 주신 것입니다.
당신의 것을 하나도 남기지 않고 다 쏟으셨습니다.

그러면 아직까지 그분 앞에 돌아오지 않는 가족을 살리려면
우리가 어떻게 해야 되겠습니까?
나를 버리고 희생할 때 역사가 일어나는 것입니다.

내 희생이 들어가지 않는데 무슨 역사가 일어나겠습니까?
가정에서는 나의 희생이 있어야 합니다.

진리가 있는 자는
속에서 물과 피가 나와야 기적이 일어나는 것입니다.
영적으로 물과 피는 하나님의 사랑입니다.

나의 희생으로 그분의 사랑이 드러나야
가족이 하나님의 살아계심을 느끼고 인정하면서
심령이 녹아지게 되는 것입니다.

■ 희생하면 복이 돌아와

가정에서 상대에게 사랑으로 가면
내가 손해를 보는 것 같지만 사실은 유익입니다.
희생은 나에게 돌아오는 유익인데 사람들이 속고 있는 것입니다.

희생하면 기쁨으로 다시 돌아오게 됩니다.
기쁨은 하나님이 주신 복입니다.

예수님이 인류를 위해 당신의 몸을 희생으로 내어놓았더니
하나님께서 예수의 이름을 통해서만 구원받게 하셨습니다.
그 복을 허락하신 것입니다.

희생은 심어만 놓으면
다시 나에게 돌아오게 되어 있습니다.

때가 되니,
하나님께서 인류가 예수의 이름을 부르게 허락하셨습니다.
예수의 이름 앞에 머리를 숙이게 하신 것입니다.

우리 또한 희생을 하면 하나님께서 영광을 받으시고
우리 속에 하늘의 복이 임하게 됩니다.
그러므로 희생은 손해가 아니라 나에게 유익으로 돌아오게 됩니다.

집안에서 내가 희생을 많이 했다고 불평하지 말아야 합니다.
희생은 많이 하면 할수록 좋은 것입니다.

가족간에도 내가 희생하면
그 복이 돌아오게 되어 있습니다.

사랑시대 하나님은 바로바로 갚아주십니다.
하늘의 기쁨을 주십니다.

그래서 나는 희생하지 않고
상대에게만 하라고 한다면 기쁨이 오지 않습니다.

'너는 가만히 있어 내가 할께!' 하며 희생할 때 기쁨이 오는 것입니다.

땅에서 풀면 하늘에서도 풀리게 됩니다.
기쁨이 오게 됩니다.
기쁨은 곧 하나님입니다.

그 기쁨은 세상의 어떠한 것보다도 귀한 것입니다.
희생은 나에게 기쁨의 열매를 맺게 합니다.

그러므로 희생할 때
복이 돌아오는 것입니다.

26장
가정에서 열매 맺어야
(I Must Bear Fruit in the Family)

[1] 나를 찢어야 사랑이 나가

■ **나를 찢어야 사랑이 나가**

"예수께서 다시 크게 소리 지르시고 영혼이 떠나가시니라
이에 성소 휘장이 위로부터 아래까지 찢어져"(마27:50-51).

예수님은 십자가를 지심으로 몸의 물과 피를 다 쏟으셨습니다.
하나님의 사랑을 다 내어놓으신 것입니다.
우리도 내 육의 희생 없이는 사랑이 나가지 않습니다.

사랑에는 그만한 희생이 따르는 것입니다.
우리가 그 몸의 지체이면 나도 예수님처럼 찢어야 합니다.
그랬을 때 하나님의 사랑이 나가는 것입니다.

나를 찢어야 예수님과 하나가 됩니다.
예수님의 교회가 되는 것입니다.
우리도 가정에서 예수님처럼 희생으로 섬겨야 합니다.

하나님은 가정 속에서 이 말씀으로 열매를 거두시기 원하십니다.
가정에서 열매를 거두지 못한다면

하나님의 말씀은 우리와 상관이 없습니다.

예수님이 몸을 찢었듯이 우리도 찢으라는 것은
내 것을 버리고 희생함으로 하나님의 것을 받으라는 것입니다.

예수님께서 몸을 찢음으로 인해 그 사랑이 우리 속에 들어왔으니
우리도 자신을 찢어 그 사랑이 상대 속으로 들어가게 해야 합니다.

그러므로 나를 찢어야
하나님의 사랑이 나가 하나가 되는 것입니다.

■ 희생하면서 기쁨의 맛을 보아야

우리가 대화할 때 상대가 아무리 강퍅할지라도
사랑으로 계속 맞추어가면 그 마음이 녹아지게 됩니다.

가족도 강하게 나올수록
사랑으로 맞추어주면 오히려 녹아지기 쉬운 것입니다.
내가 희생할 때 강퍅한 심령이 완전히 녹아내리게 됩니다.

희생하지 않으려는 내 사랑은 상대를 죽이지만
하나님의 사랑은 살리는 것입니다.

그러므로 나의 것을 사용하지 말고
하나님의 것을 사용해서 가정을 아름답게 바꾸어야 합니다.

에덴을 회복해야 하기 때문입니다.
에덴의 회복은 내 속부터, 가정부터 이루어야 합니다.
그것은 나의 희생과 노력 없이는 되지 않습니다.

세상에서도 희생하고 노력하면 그 댓가가 오는데
우리가 믿음 안에서 희생하고 노력하면 그 댓가가 오지 않겠습니까?
노력한 만큼 오게 되어 있습니다.

그런데 믿음 없이 희생하는 것은 이 땅에서 끝나지만
믿음 안에서 희생하는 것은 영원한 것입니다.

그분의 길을 따라가는 것이 쉬운 일은 아닙니다.
내 희생 없이는 그분을 따라가기가 어려운 것입니다.

가정에서도, 교회에서도, 사회에서도 희생만이 빛이 납니다.
희생 속에서 하나님의 것을 발견할 수 있습니다.
그 때 우리의 희생이 아름다운 것입니다.

또 가정에서 부모는 자녀의 모습을 통해
자신의 모습을 보아야 합니다.

자녀가 희생하고 섬기는 일을 할 때 그 마음이 기쁜 것처럼
내 모습이 어떠할 때 하나님이 기뻐하시는지를 깨달아야 합니다.

자녀가 부모의 말에 불순종하고 서로 다툴 때는
그 마음이 힘들어집니다. 하나님도 마찬가지입니다.

가정에서 부부간에 다투면서 시끄러워지면
하나님은 얼마나 힘드시겠습니까?

부부간에 '너는 너고 나는 나다' 하면서 말을 하지 않고 있으면
하나님의 마음이 아픈 것입니다.

우리는 가정에서 희생하며 기쁨의 맛을 보아야 합니다.
그래서 가정을 에덴 곧 천국으로 만들어야 하는 것입니다.

■ 상대를 위해 희생할 때 만족

내가 좋다고 가족이 다 만족하는 것은 아닙니다.
나만 좋은 것은 탐욕입니다.
상대가 좋아야 만족인 것입니다.

그런데 사람들은 속고 있습니다.
내가 좋으면 만족인 줄 알고 나를 좋게 하려고 하는데, 그것이 사단에게 속고 있는 것입니다. 만족은 상대를 기쁘게 할 때 옵니다.

그런데 인간에게는 탐욕이 있기 때문에
자신을 힘들게 희생하지 않습니다.

인간 속에서 사랑을 상실해버렸습니다.
그래서 우리는 그 탐욕의 근성을 벗어버려야 합니다.

하나님이 알려주신 대로만 가면 우리는 천국을 이룰 수 있습니다.
나를 맞추는 것이 아니라 상대를 맞추면 만족이 오게 됩니다.

그런데 나에게 맞추어주기를 바라기 때문에 만족이 없는 것입니다.
계속 그렇게 살다 보면 죽음 앞에 가서 결국 후회하게 됩니다.
'지금까지 잘못 살았구나' 하는 생각이 드는 것입니다.

나를 위해서 사는 삶은 만족함이 없어
끝에 가서는 허무함만 남게 됩니다.

그러면 지금부터라도 탐욕을 버리고
후회 없도록 희생하는 삶을 살아야 할 것입니다.
상대를 위해서 희생할 때 만족이 오는 것입니다.

[2] 가정에서 열매가 나와야

■ 내 것을 쏟아야 열매 맺어

사랑시대는 하나님이 가정에서 열매를 추수하기 원하십니다.
가정에 금이 가면 깨져버리기 쉬우니 하나가 되어야 합니다.
그래야만 가정에서 감사와 기쁨이 나오게 됩니다.

하나님은 에덴에서 가정부터 시작하셨습니다.
그런데 불순종함으로 가정에 금이 가기 시작했습니다.
그러면 마지막 때 그분이 다시 찾으시는 것도 가정입니다.

사랑시대는 하나님의 명령에 순종함으로 가정이 회복됩니다.
가정이 회복되는 것이 그분이 열매를 추수하시는 것입니다.

가정을 깨는 것은 사단이 하는 일입니다.
그러나 하나님은 사단을 결박하고
깨진 가정들을 다시 붙여 세우십니다.

우리가 가정에서 행복을 찾으려면 희생이 있어야 합니다.
부부간에도, 부모와 자식 간에도
희생이 들어가지 않고는 행복을 찾을 수가 없습니다.

하나님 속에 참된 행복이 있습니다.
이제 하나님이 가정에서 열매를 따려고 하십니다.
우리 가족 속에서 행복이 추수되어지기를 원하시는 것입니다.

그런데 가정에서 소리가 나는 것은
나를 희생하려 하지 않기 때문입니다.
그래서 하나님이 우리에게서 온전한 열매를 따지 못하시는 것입니다.

그러면 하나님은 예수를 통해서 어떻게 열매를 따셨습니까?
당신의 독생자를 이 땅에 보내, 그 몸 속에 있는 물과 피를 다 쏟게 하셨습니다. 그리고 열매를 따신 것입니다.

내 속에 있는 것을 희생으로 내보내지 않고는 열매가 없습니다.
가정에서도 내가 사랑을 받으려면 사랑을 먼저 해야 합니다.
사랑을 심으면 사랑을 따게 되는 것입니다.

하나님이 이 땅에 사랑을 심으신 것은
예수가 십자가를 지고 죽으신 것입니다.
그리고 나서 사랑을 따신 것이 인류의 구원입니다.

온 인류가 하나님 안에 들어오는 것이
예수를 희생시키고 따는 사랑의 열매입니다.
하나님의 사랑이 보이는 열매가 된 것입니다.

이제 우리 속에서 온전한 하나님의 것을 따기 위해서는
나의 희생이 있어야 합니다.

내 것을 쏟아야
열매 맺어 추수하게 될 것입니다.

■ **사랑은 희생의 열매**

사랑이 있는 자는 희생의 마음이 있는 자입니다.
사랑에는 나의 희생이 들어갑니다.
사랑의 씨앗을 심으면 그 때부터 희생이 필요합니다.

씨가 그릇에 담겨 있을 때는 희생이 필요 없지만

땅 속에 떨어지면서부터는 희생이 들어갑니다.
그릇 안에 있던 종자가 땅 속에 들어가면
살아 움직이기 시작하여 생명이 자라게 됩니다.

사랑은 생명입니다.
사랑은 움직이는 것입니다.
사랑은 희생의 마음이 들어있습니다.

하나님의 사랑은 내 속에 뿌려진 희생의 열매입니다.
그 희생으로 인해 상대를 살리는 것입니다.

사랑의 참 맛은 내가 희생할 때 느끼게 됩니다.
예수님이 희생의 참 맛을 느끼신 것은 십자가를 지실 때입니다.
그 때 아버지의 참 사랑의 맛을 본 것입니다.

내 안에 희생이 없으면 기쁨이 일어나지 않습니다.
우리는 희생을 하고 느끼는 참 사랑을 맛 보아야 합니다.
내 땀과 노력, 내 피가 흐를 때 참 사랑의 맛이 오게 됩니다.

희생이 없는 사랑은 참된 사랑이 아닙니다.
그 사랑은 예수의 사랑이 아닌 것입니다.

예수의 사랑은 희생입니다.
살아서 움직이는 사랑입니다.
예수의 사랑은 인류를 향해서 당신의 몸을 찢은 것입니다.

예수님은 물과 피를 다 쏟고 희생하심으로
하나님의 영광을 취하셨습니다.

사랑은 내 것을 다 쏟는 것 같지만,

결국은 그 희생이 열매가 되어 나에게 돌아오게 됩니다.

사랑은 희생의 열매입니다.
내 것을 내어놓아야 그 맛을 보게 되는 것입니다.

■ 가정에서 열매가 나와야

남편의 자리는 너무나 중요합니다.
그러므로 남편은 먼저 아내에게 존경과 인정을 받도록
자신의 자리를 제대로 지켜야 합니다.

남편은 가정의 본(本)입니다.
본이 되는 것은 쉬운 일이 아닙니다.

"우리 하나님과 구주 예수 그리스도의 의를 힘입어"(벧후1:1).
본이 되려면 그리스도를 힘입어야 합니다.
그리스도를 힘입지 않고는 본이 될 수 없습니다.

남편이 가정을 위해서, 아내를 위해서, 자녀를 위해서
몸의 물과 피를 다 쏟기까지 희생으로 가면
아내와 자녀들로 부터 존경과 신뢰를 받게 됩니다.

가정에서 아내와 자녀에게 인정 받고
신뢰를 받는 남편은 성공한 자입니다.
그는 가정에서, 아내와 자녀 속에서 열매를 따는 것입니다.

가정에서 열매가 나와야 진정 풍성한 열매입니다.

■ **말씀으로 깨끗케 된 가정에서 열매를 거두어**

"이는 곧 물로 씻어
말씀으로 깨끗케 하사 거룩하게 하시고"(엡5:26).

예수님이 물과 피를 다 쏟으심은 우리 속에 있는 것을 다 씻고
하나님의 말씀으로 우리를 깨끗하게 하기 위함입니다.
그러면 가정에서도 말씀으로 깨끗해진 자 속에서 열매를 거두십니다.

하나님은 가정을 바로 세우시려는 것입니다.
가정이 바로 서야 교회가 반듯해집니다.
가정이 튼튼하게 서야만 세계를 살릴 수 있는 것입니다.

말만 가지고는 안 됩니다.
가정에서는 대충 대충하면서
밖에서는 세계를 살리자고 외치는 것은 외식입니다.

가정에서 충성하는 자가 교회에서도 충성하고
교회에서 충성하는 자가 사회에서도 충성하는 것입니다.

하나님은 말씀으로 깨끗케 된 가정에서 열매를 거두어
세계를 살리려고 다시 오시는 것입니다.

■ **사랑의 열매를 따서 하나님께 올려야**

"지혜 없는 자 같이 하지 말고 오직 지혜 있는 자 같이 하여
세월을 아끼라 때가 악하니라 그러므로 어리석은 자가 되지 말고
오직 주의 뜻이 무엇인가 이해하라"(엡5:15-17).

하나님은 사랑이십니다.
우리는 하나님의 지혜를 가지고
내 사랑과 그분의 사랑을 잘 분별해야 합니다.

가정에서 하나님의 사랑으로 맺혀진 열매를 올려드려야 합니다.
가장 좋고 아름다운 열매를 볼 때 따고 싶듯이
하나님은 그렇게 아름다운 열매가 우리 속에 맺히기를 원하십니다.

그러므로 어리석은 자가 되면 안 됩니다.
어리석은 자는 분별이 없어 눈이 있어도 보지 못하고,
귀가 있어도 듣지 못하고, 입이 있어도 말하지 못하는 자입니다.

하늘의 지혜가 없기 때문에 분별력을 상실해 버린 자입니다.
지혜가 없으면 사랑도 나오지 않습니다.
그래서 하나님의 지혜를 받아야 하는 것입니다.

이제 하나님이 가정에서 열매를 따십니다.
우리의 진정한 복은 가정에서 열매를 하나님께 올려드리는 것입니다.

남편 속에서, 아내 속에서, 자녀 속에서 나오는 열매가
진정한 기쁨입니다.
그 기쁨을 맛보지 못하는 것은 외식에 불과한 것입니다.

이제는 우리가 사랑의 열매를 하나님께 올려야 합니다.
외식과 형식은 하나님이 기뻐하시지 않으십니다.
하나님은 우리 속에서 온전한 열매를 추수하기 원하십니다.

27장
가정 회복
(Restoring the Family)

[1] 가정을 안식처로 만들어야

■ 하나님과의 통로가 열려 있어야

자녀가 부모를 기쁘게 해 드리면
부모 속에서 사랑과 평안이 나와 그들의 앞 길이 열리게 됩니다.

그런데 자녀가 부모의 마음을 아프게 한다면 그 길이 열리겠습니까?
내가 아무리 똑똑해도
부모의 마음을 아프게 하면 그 길은 절대로 열리지 않습니다.

부모의 마음을 평안하게 해 드릴 때
열리는 것입니다.

그래서 자녀는 부모의 마음을 아프게 하지 말아야 합니다.
우리는 어떻게 하면 복을 받을 수 있는지
그 방법부터 알아야 합니다.

많은 사람들이 이런 것에는 전혀 관심이 없고
그저 복만 받기 원합니다.

그런데 그 방법을 모르고 사는 사람과

알고 사는 사람은 삶 자체가 완전히 다릅니다.
복 받을 사람은 영적으로 지혜로운 사람입니다.

하나님과 부모를 기쁘게 하고자 하는 마음을 가진
지혜로운 사람은 복을 받게 되어 있습니다.

하나님이 하늘에서 복을 부어주시고
부모가 자녀를 위해 복을 빌어주는데 어찌 복이 오지 않겠습니까?

그런데 자녀가 부모에게 잘못한다면,
부모의 마음이 닫혀버립니다.
내가 부모와 막혀 있다면 하나님과의 통로도 열리지 않습니다.

내가 진정 복 받기를 원한다면 부모에게 효를 바로 해야 합니다.
복의 근원이신 하나님과 열려 있고,
내 부모와 열려 있으면 복은 받게 되어 있습니다.

하나님과의 통로가 열려 있어야
그분이 나를 온전하게 책임지십니다.

■ 첫 사랑을 찾아야

하나님은 사랑이십니다(요일4:8).
그래서 오직 사랑으로 모든 것을 이루십니다.
우리에게 그 사랑만 있으면 이루지 못할 것이 없습니다.

농부가 봄에 벼씨를 심고
벼가 익어서 사람의 입 속에까지 들어가야 온전한 추수입니다.

마찬가지로 하나님이 우리 속에 사랑을 심고, 그 사랑이 열매가 되어 상대에게까지 들어가야 온전한 사랑입니다.
그 사랑은 에덴의 첫 사랑입니다.

하나님께서는 육천 년 동안 에덴의 사랑을 찾기 위해 기다리셨습니다.
이제 그분의 다시 오심으로 인해서
첫 사랑의 완성을 이루시는 것입니다.

우리는 하나님이 바라시는 것이 무엇인지를 알아야 합니다.
우리의 가정에서 하나님 나라의 것을 다시 찾아야 합니다.
첫 사랑을 다시 회복시켜야 하는 것입니다.

첫 사랑은 에덴의 사랑입니다.
에덴에서 하나님을 잃어버리기 전의 사랑입니다.

우리가 그 사랑을 잃어버리고 사단에게 속고 있는 것입니다.
그러나 진리를 바로 안다면 다시 찾을 수 있습니다.

농부가 벼를 심어놓고 열매를 바라보며 때를 기다리는 것은
열매를 먹어야 살 수 있기 때문입니다.

하나님께서 지금까지 우리에게 무엇을 바라보게 하셨습니까?
믿음을 가지고 소망을 바라보며 가게 하셨는데
그 소망의 목적은 사랑입니다.

농부의 입에 열매가 들어오기 전까지는 바라만 보고 있는 것입니다.
바라보는 것은 배부르지 않기 때문에 아무런 유익이 되지 않습니다.
우리도 하나님의 사랑을 바라만 보고 있으면 안 됩니다.

이제는 사랑을 이룰 때입니다.
사랑시대는 에덴에서 잃어버린 첫 사랑을 찾아야 할 때인 것입니다.

■ 가정에서 웃음이 나와야

"너희 염려를 다 주께 맡기라
이는 그가 너희를 돌보심이라"(벧전5:7).

우리의 일은 근심하고 염려하는 것입니다.
우리는 지금까지 해 온 그 일을 중단하고 하나님의 일을 해야 합니다.
세상의 일을 중단하라는 것이 아니라 근심, 염려를 그분께 맡기라는 것입니다.

예수님은 "내가 너희에게 이른 말은 영이요 생명이라"(요6:63) 하셨습니다. 하나님의 일은 감사, 기쁨, 평강, 사랑입니다.

교회에서 말씀을 받으면 심령이 기쁘고 웃음과 감사가 나오듯이
가정에서도 똑같이 나와야 합니다.
사실, 우리는 교회에서보다 가정에서 더 웃어야 합니다.

그런데 신기할 정도로 집에 가면 웃음이 사라지고 심각해집니다.
그것은 가정이 어둠으로 덮혀 있기 때문입니다.
우리는 하나님의 빛으로 가정에 있는 어둠을 몰아내야 합니다.

그러면 가정에서 온전한 회복이 이루어져 웃음이 나오게 됩니다.
가족들 속에서 웃음이 나와야 가정이 사는 것입니다.

가정 속에서 웃음이 나오지 않는데, 어디에 가서 웃음이 나오겠습니까? 웃음이 없는 가정을 밝게 바꾸어야 합니다.

원래 웃음이 없는 가정이라 해도
하나님이 임재하시면 바꾸어주실 것입니다.

하나님의 말씀이 들어오면 감사, 기쁨, 평화가 일어납니다.
말씀을 이루시는 하나님을 믿고 의지할 때
역사가 일어나는 것입니다.

이제 사랑시대는
가정에서 웃음이 나와야 합니다.

■ 가정을 안식처로 만들어야

사랑시대가 우리 가정에서 부터 열려
교회와 사회에까지 이어져가야 합니다.
그래서 가정이 기쁨과 평화를 누리는 안식처가 되어야 합니다.

말로는 안식처가 가정이라고 하면서,
정작 가정에 들어가면 그렇지 못한 경우가 많이 있습니다.

무엇인가 잘못되었으면
돌이켜서 가정을 반드시 안식처로 회복해야 합니다.

가족 모두가 서로 노력하면서 바꾸어야
윤택한 삶을 누릴 수 있습니다.

우리는 밖에서의 모양이 아니라, 가정에서 완성을 이루어야 합니다.
가족과 가장 가까운 관계를 이루어가야 하는 것입니다.

밖에서 아무리 좋은 일이 있어도
그것은 내 심령 속 깊은 곳까지 들어오지 않습니다.

당신은 어디에서 기쁨과 평안을 찾을 것입니까?

가정에서 좋아야 내 속 깊은 곳까지 기쁨이 느껴지는 것입니다.
내 가족에게서 받는 기쁨만이 내 속에 온전히 채워지는 것입니다.

우리는 하나님이 주신 십자가의 사랑으로 인해
가정에서 얼마든지 천국을 누릴 수 있습니다.
그런데 자신에게 속기 때문에 누리지 못하고 있는 것입니다.

이제는 내 가정을 안식처로 만들어
온전한 감사, 기쁨, 평강, 사랑을 찾아야 합니다.

[2] 하나님의 기쁨을 찾아야

■ 하나님의 사랑이 들어와야

하나님은 사랑을 완성시키려고 다시 오십니다.
그분의 사랑이 들어와야 내 부족함에 만족을 주는 것입니다.

하나님이 나를 잡아주시지 않으면
악한 행동이 이해가 되지 않습니다.
내가 왜 이런 일을 했을까 하고 후회만 할 뿐입니다.

또 우리는 하나님이 임하여
선한 행동을 해도 이해가 되지 않습니다.
내가 이렇게 착할 수 있을까 하고 이해가 안 되는 것입니다.

내 속에서 악한 것이 이해가 안 될 때는 걱정, 근심이지만
선한 것이 이해가 안 될 때는 만족입니다.

우리 안에 만족이 오면, 그것이 최고입니다.

땅의 것이 아무리 좋다고 해도 하나님의 사랑이 들어와야 만족입니다.
만족은 하나님이 나를 다스려 주시는 마음입니다.

그 만족은 땅의 것으로 인해 오는 것이 아닙니다.
하나님의 진리로 인해서 우리의 마음에 들어오는 것인데 그것은 땅의 것이 아닙니다. 우리에게 하늘의 것이 오면 부러울 것이 없습니다.

땅의 어떤 것과 연결된 만족이 아니라
하나님이 내리시는 만족이기 때문입니다.

인간은 땅의 것으로는 만족하지 못하니 나를 포기해야 합니다.
하나님의 것으로 만족하면
이 땅의 것을 다 소유하게 되는 것입니다.

하늘의 것으로 만족되었을 때,
땅의 것이 하나님의 것으로 완성되는 것입니다.

그 동안은 하나님의 완성이 내 안에 이루어지지 않았기 때문에
이 땅의 것은 미완성입니다.
이제 땅의 것을 완성시키려고 그분이 다시 오십니다.

부부간에 만족을 느끼십니까?
100% 만족을 느낀다고 하면 그것은 거짓말입니다.

하나님이 내 속에 완성으로 오셨을 때만이
온전한 만족을 느끼게 됩니다.

하나님이 오시지 않으면 부부간에 만족이 없습니다.
하나님의 사랑이 들어와야 만족으로 바뀌는 것입니다.

자녀에게 만족하십니까?
자녀에 대한 것도 하나님이 내 안에 완성으로 오셨을 때 만족이 되는
것입니다. 하나님의 사랑으로 바꾸는 것입니다.

우리는 사랑으로 지어진 자들인데,
사랑이 아닌 다른 것으로 만족하려 합니다.

그러나 하나님의 사랑이 들어와야만 내 안에 만족이 오게 됩니다.
우리가 그분의 사랑을 받고 나누어주는 것이 하늘의 일입니다.

하나님의 자녀가 해야 할 일은
그 사랑을 먹고 나누어주는 것입니다.

■ 하나님의 사랑이 흘러야

하나님의 사랑이 영으로 들어와, 영의 하나님이 나를 지배하시면
하늘의 세계가 가정에서 열리고, 주위에서 열리게 됩니다.

그러나 인간의 사랑에는 탐욕이 들어있어서 나를 다스리지 못해
자신과 가족을 힘들게 합니다.

우리가 분별하지 못하고 사랑을 똑같이 보면
탐욕적인 사랑으로 심령들을 죽이게 됩니다.
내 안에서 영으로 열려지지 않으면 분별이 되지 않습니다.

사랑은 다 같은 것이 아닙니다.
그래서 사랑을 분별하지 못하면 오히려 생명을 죽일 수 있습니다.

하나님의 사랑이 내 속에 들어와서 그 사랑이 나가야 합니다.

그분의 사랑이 내 속에 흐르게 되면 움직임이 다릅니다.

우리가 어떤 사랑으로 품어야 하는지를 확실하게 알아야
사랑시대 주역자가 되는 것입니다.

인간 속에 흐르는 탐욕적인 사랑을 다스리려면
그리스도의 사랑이 우리 속에 임해야만 합니다.

탐욕적인 사랑이 흐르면 자신을 다스리지 못합니다.
절제가 안 됩니다.

우리 속에 탐욕적인 사랑이 흐른다면 가정에 악을 쏟는 것입니다.
그러면 서로의 마음 속에 숨어있는 탐욕적인 사랑으로 인해
분별력이 없어집니다.

그것이 화근이 되어 가정이 깨지고
믿음도 깨지게 됩니다.

하나님에 대한 나의 믿음을 지키지 못하면 모양만 있는 것입니다.
가정의 모양은 있어도 내가 가정을 지키지 못하면 무너져버립니다.

말세에는 사단이 가정을 다 잡고 있습니다.
가정의 모양만 있고 속으로는 금이 간 가정들이 너무나 많습니다.

그래서 우리는 자기의 자리를 확실하게 지켜야 되는 것입니다.
자리를 이탈하게 하는 것은 사단입니다.

부부간의 사랑은 살리는 사랑인데
그 사랑을 타인에게 쏟으면 사단을 넣어주는 것입니다.

부부의 사랑은 생명이지만

그 사랑을 타인에게 하면 가정이 무너지게 되므로 죽이는 것입니다.

그래서 내 가정의 중심적인 그 사랑만큼은 타인에게 흐르면 안 됩니다.
우리는 자신에게 속지 말고 분별을 똑바로 해야 합니다.

부부간에는 하나님의 사랑이 흘러야 합니다.
그 사랑으로 각자의 자리를 잘 지켜야
하나님이 주신 가정을 끝까지 지킬 수 있는 것입니다.

■ 하나님의 기쁨을 찾아야

우리가 한 가정을 이루기 위해서는 사랑이 필요합니다.
사랑만 있으면 문제될 것이 없습니다.
그런데 사랑이 금이 가면 문제가 들어와 그 사랑이 식어지게 됩니다.

가족 간의 사랑도 마찬가지입니다.
다른 조건을 내세우면 그것은 온전한 사랑이 아닙니다.
오직 하나님의 사랑으로만 대해야 합니다.

하나님의 사람들이 교회에 와서는 기뻐하다가
가정에 돌아가서는 그 기쁨이 사라진다면 온전한 신앙이 아닙니다.

가정에서 속이 상하는 일이 자주 있으면
신앙생활을 제대로 할 수 없습니다.

가정에서 속이 상하고 힘들면
대부분 눈동자가 다른 데로 돌아가게 됩니다.

하나님이 가정을 보금자리로 주셨는데

가정이 시끄럽다면 들어가고 싶겠습니까?

남자들이 곁에서 빙빙 돌게 되면
눈이 밖으로 돌아가 생각지도 않은 일을 하는 것입니다.
자기 자리를 잘 지켜야 하는데 제대로 지키지 못하게 됩니다.

이제 사랑시대는 우리의 심령과 가정이 사랑으로 회복되고
서로를 신뢰하면서 감사와 기쁨이 흐르게 됩니다.

믿음 안에서 한 가정을 이루는 것이 최고의 복입니다.
우리는 가정에서부터 행복을 찾아야 합니다.

가정에서 하나님의 기쁨을 찾아야
진정한 천국인 것입니다.